LUCIANO TRIGO

O ANO EM QUE A TERRA PAROU

Polarização política e a escalada da insanidade

AVIS RARA

COPYRIGHT © FARO EDITORIAL, 2021
COPYRIGHT © LUCIANO TRIGO, 2021

Todos os direitos reservados.
Nenhuma parte deste livro pode ser reproduzida sob quaisquer meios existentes sem autorização por escrito do editor.

Avis Rara é um selo da Faro Editorial.

Diretor editorial **PEDRO ALMEIDA**
Coordenação editorial **CARLA SACRATO**
Preparação **TUCA FARIA**
Revisão **VALQUÍRIA DELLA POZZA**
Foto de capa **VERNAGLIA | ADOBE STOCK**

Dados Internacionais de Catalogação na Publicação (CIP)
Angélica Ilacqua CRB-8/7057

Trigo, Luciano
    O ano em que a terra parou / Luciano Trigo. — São Paulo : Faro Editorial, 2021.
    256 p.

    ISBN 978-65-86041-57-6

    1. Política e governo - Crônicas 2. Ciências sociais - Crônicas 3. Crônicas brasileiras I. Título

20-4298   CDD B869.8

Índice para catálogo sistemático:
1. Política e governo - Crônicas

1ª edição brasileira: 2021
Direitos de edição em língua portuguesa, para o Brasil, adquiridos por FARO EDITORIAL

Avenida Andrômeda, 885 — Sala 310
Alphaville — Barueri — SP — Brasil
CEP: 06473-000
www.faroeditorial.com.br

*[A paixão política] é a única paixão sem grandeza,
a única que é capaz de imbecilizar o homem.*

NELSON RODRIGUES

A Revolução do Mimimi **9**

Felacrapá: o Festival de Lacração que Assola o País **19**

A universidade com partido e a pluralidade de um lado só **29**

Como a agenda da lacração joga contra a esquerda **36**

Cleópatra e o tribunal da lacração **45**

Woody Allen, Spike Lee e a cultura do cancelamento **50**

Um filme romantiza o estupro. Onde estão as feministas? **56**

Os super-heróis do nosso tempo **62**

Crise da classe média ameaça narrativa da elite de esquerda **67**

"Você já pensou o que representa isso em matéria eleitoral?" **90**

Renda básica universal pode gerar exército de encostados? **95**

O filósofo e o genocida **110**

Slavoj Zizek é um fanfarrão **119**

Somente psicopatas comemoram a doença alheia **125**

Os paranoicos e os kamikazes **134**

A vida depois do vírus: reflexões sobre o primeiro ano da pandemia **139**

Negacionismo de esquerda **146**

O filme do vandalismo já passou **151**

Maduro e Black Lives Matter: os novos métodos da velha esquerda **157**

Duas estátuas: o que querem os talibãs do progressismo?   **166**
A "causa bonita" de Cesare Battisti   **174**
Contra traficante ninguém faz protesto   **182**
O escândalo dos palavrões e o falso moralismo   **187**
Educação de faz de conta: uma tragédia anunciada   **192**
As condições para um *impeachment*   **198**
Pedagogia da lacração: a língua portuguesa sob ataque   **205**
O melhor do Brasil é o brasileiro. O pior também   **212**
Michael Moore revela verdades inconvenientes   **217**
Três livros sobre a democracia de um lado só   **223**
A nova luta de classes: pobres de direita contra ricos de esquerda   **237**

Agradecimentos e dedicatória   **247**
Notas   **249**

A Revolução do Mimimi

O WASHINGTON REDSKINS, TRADICIONAL EQUIPE DA NFL, A LIGA DE FUTEBOL americano dos Estados Unidos, anunciou em meados de julho a decisão de mudar oficialmente o nome e a logomarca do time, que fazem referência aos indígenas. A medida foi motivada pelos protestos que aconteceram a partir do assassinato de George Floyd por um policial em Minneapolis, em maio, e pela consequente pressão de grupos como o Black Lives Matter.

Entidades de defesa dos nativos americanos alegaram considerar o nome da equipe — "Peles-Vermelhas" — uma ofensa de cunho preconceituoso aos nativos americanos. Por sua vez, eles próprios pressionados por manifestantes nas redes sociais, patrocinadores como a FedEx Corp, a Pepsi e a Nike também passaram a pressionar a franquia, fundada em 1933, para que ela trocasse de nome, ameaçando rescindir contratos de publicidade. Diante de um argumento desses, como a diretoria do Washington Redskins poderia resistir?

* * *

Também em meados de julho, na Coreia do Sul, a popular banda de k-pop Blackpink, composta só por garotas, lançou no YouTube o aguardado clipe de sua nova música, "How you like that". Foram mais de 50 milhões de *views* em poucas horas. Tudo corria conforme o planejado, até que alguém reparou que, por alguns segundos, apareciam no clipe imagens de uma estátua de Ganesha, divindade hindu representada por um elefante.

Pronto. Isso bastou para desencadear, entre os fãs indianos da banda, a gritaria identitária contra a apropriação cultural de um símbolo da religião hinduísta. Com medo da repercussão, a banda se retratou e cedeu à pressão: o vídeo foi reeditado, eliminando-se digitalmente a estátua de Ganesha do cenário.

* * *

A história a seguir é mais antiga: aconteceu no já longínquo ano de 1991, em uma lanchonete de Berkeley, Califórnia. Um cliente entrou, escolheu uma mesa, abriu uma revista e começou a ler um artigo, enquanto aguardava o atendimento. Mas a garçonete, chamada Barbara, se recusou a atendê-lo, porque a revista que ele estava lendo era a *Playboy*.

Barbara se declarou "chocada e apavorada", como se a simples visão de uma *Playboy* representasse uma forma de estupro e assédio — e uma ameaça à sua autoestima e sua dignidade como mulher. A garçonete e o gerente da lanchonete pediram então ao cliente que se retirasse. Sem disposição para discutir (pois só queria comer uma fatia de bolo e tomar um café enquanto lia um artigo), ele foi embora.

Mas a história não acabou aí. Um grupo feminista aproveitou o gancho para divulgar um manifesto (impresso, porque a internet anda engatinhava, e não existiam redes sociais), que afirmava, entre outras coisas, que "a saúde das mulheres é afetada pelo fato de um homem entrar com uma *Playboy* em uma lanchonete".

O manifesto prosseguia: "Isso não tem nada a ver com liberdade de expressão, mas com o poder do homem branco de impor seus padrões a todo mundo, de forma humilhante".

* * *

Quem contou esse episódio da lanchonete em Berkeley — que pode ser considerado o marco zero da *revolução do mimimi* atualmente em curso — foi o ensaísta e crítico de arte australiano Robert Hughes (1938-2012).

Em um livro profético, hoje pouco lembrado — "Cultura da reclamação — O desgaste americano", que reuniu uma série de palestras realizadas na Biblioteca Pública de Nova York —, Hughes foi possivelmente o primeiro intelectual de peso a criticar e alertar sobre os riscos dos fenômenos do politicamente correto e da vitimização das minorias, dois processos que já então contaminavam a cultura, a mídia e o ambiente acadêmico americanos.

Na época, Hughes sugeriu que o politicamente correto foi uma reação da esquerda americana à queda do Muro de Berlim e ao colapso dos regimes comunistas: encurralados na universidade, os intelectuais ditos progressistas enxergaram na guerra de narrativas identitárias um bote salva-vidas mais do que conveniente. Estava aberto o caminho para a ressurreição do cadáver insepulto da esquerda.

Começava ali o sequestro, pelo campo dito progressista, do multiculturalismo e de bandeiras legítimas de diferentes grupos, que foram assim cooptados. Daquele momento em diante, os autointitulados progressistas passaram a deter o monopólio da fala sobre esses temas — e o monopólio da representação política das minorias.

A narrativa que prevaleceu na esquerda desde então pode ser caracterizada pelos seguintes traços: idolatria ao Estado, complexo de vitimização (a culpa pelos nossos males é sempre dos outros, e nunca de nossa própria incapacidade), paranoia antiliberal (o mercado e o empreendedorismo são vistos como causadores de miséria, e não de riqueza), obsessão igualitária (usada como pretexto para aumentar a concentração de poder nas mãos do Estado) e sequestro dos valores democráticos (todos os adversários representam um risco para a democracia).

* * *

Corte para a campanha eleitoral americana de 2020. Foi o fenômeno descrito acima que tornou possível, por exemplo, que o então candidato democrata e hoje presidente Joe Biden declarasse, como fez no programa de rádio "The Breakfast Club" em maio, que os negros que não votassem nele não eram negros ("You ain't black!"). [1]

A premissa é clara: os votos das minorias são propriedade privada de um partido ou campo político que tem o direito e o poder de constranger e desqualificar os eleitores que não concordarem com isso — e mesmo de determinar quem pertence ou não a uma minoria. Em tempos normais, isso causaria indignação e perplexidade: um homem branco decretando quem pode se considerar negro. Mas não vivemos tempos normais.

A agenda secreta (ou não tão secreta) do campo progressista não tem nada a ver com a superação de desigualdades e injustiças sociais, mas lança mão de forma muito eficaz da manipulação política das bandeiras das minorias, colocadas a serviço da divisão da sociedade e de um projeto gramsciano de tomada do poder.

Pacientemente implementado ao longo de décadas, esse projeto explora o que Hughes chamou de "essencialismo grupal", "balcanização azeda" e "separatismo", isto é, a divisão deliberada da sociedade em tribos com base na etnia, na religião ou na orientação sexual, processo fermentado pelo ódio e pelo ressentimento.

Um dos fatores que explicam o êxito desse novo programa da esquerda é que ele não exige mérito ou esforço nenhum de quem quiser aderir: basta se declarar antifascista para ganhar o atestado de virtuoso que permitirá a qualquer fracassado, preguiçoso e incompetente encontrar na lacração uma razão de viver. Para muita gente, ser autorizado a apontar o dedo para tudo e para todos e ser reconhecido como moralmente superior aos fascistas imaginários é uma compensação emocional mais do que suficiente para o tédio de suas existências medíocres.

(A novidade é que o inimigo dessa nova esquerda lacradora deixou de ser a elite econômica: na verdade, a classe dominante descobriu que basta posar de bom moço e postar slogans progressistas nas redes sociais para que ninguém a incomode: é o fenômeno dos ricos de esquerda, sobre o qual falaremos adiante. Agora o alvo contra as quais se ergue o grito cada vez mais estridente de todas as minorias, cada uma com a sua bandeira exclusiva e excludente, é o cidadão comum que não se ajoelha no milho nem paga pedágio à ditadura do politicamente correto.)

* * *

Ou seja, quase 30 anos atrás já se prenunciava o sectarismo identitário que hoje provoca tantos estragos na sociedade, transformada em um arquipélago de grupos que não se entendem, cada qual se julgando com mais direitos (mas nenhum dever) que os outros.

E o maior estrago é o que foi feito na cabeça das pessoas, sobretudo as mais jovens. Subitamente, parece que a razão de viver de toda uma geração passou a ser sabotar e destruir tudo que não se enquadra na visão de mundo alucinada que incutiram nas suas cabecinhas ocas, nas salas de aula das escolas e universidades com partido.

Em nome do suposto combate ao preconceito e às desigualdades, legitimam-se cada vez mais o ódio, a intolerância e mesmo a violência. A sociedade se dividiu em grupos interexcludentes, mas que apresentam algo em comum: todos se declaram bonzinhos e tolerantes e afirmam lutar pela democracia e pela igualdade, mas todos exigem tratamento diferente para si próprios, o que julgam um direito.

Hoje todos os grupos que se entendem como minorias exigem ser tratados não como iguais, mas como especiais. Exigem ser avaliados não com base no esforço, no talento ou no mérito individual, mas na etnia, no gênero, na orientação sexual e no lugar de fala.

Isso afeta até mesmo a outrora sacrossanta e livre esfera da arte, na qual a própria ideia de qualidade foi sacrificada no altar da justiça social: a hierarquia estética baseada no talento do artista e na qualidade de uma obra de arte passou a ser entendida como mais uma forma de discriminação a ser reparada com medidas corretivas e compensatórias. Exige-se, assim, a presença de mais artistas de determinado gênero ou etnia nos museus e galerias, mesmo que suas obras se limitem a afirmar o direito desses gêneros e etnias à visibilidade e ao sucesso.

* * *

Inventar inimigos e jogar no colo deles a culpa por tudo que existe de errado no mundo — e classificar todos os adversários como integrantes de elites malvadas — é uma das mais surradas ferramentas do arsenal demagógico das esquerdas. Como se trata de um termo genérico e sempre relativo a grupos que estão em situação pior, a esquerda entendeu já há bastante tempo que "elite" pode servir para enquadrar praticamente qualquer pessoa, dependendo da conveniência do momento.

As armas que eram apontadas para os ricos passaram a mirar e constranger uma massa de inocentes úteis, para cooptar seu apoio às bandeiras do progressismo. Daí o êxito da cultura do cancelamento e a transformação da censura de livros e filmes em ferramentas de resistência da luta pela democracia. O problema é que as pessoas que cedem à pressão não se dão conta de que, amanhã ou depois, podem ser elas a bola da vez.

Você, que se diz de esquerda e carimbou o selo "Somos 70%" ("mas não sabemos fazer conta") na foto do seu perfil do Facebook, tome cuidado, porque pagar esse pedágio não o protege de nada: ao menor deslize, você será objeto do linchamento moral promovido pelos chacais do politicamente correto.

Isso já está acontecendo: no momento em que escrevo, um casal de cineastas gaúchos está sendo massacrado nas redes sociais por causa de uma palavra mal colocada (e mal interpretada) em uma *live* no YouTube. A patrulha da virtude virtual e do ódio do bem não perdoa: esfolar e destruir são hoje sua razão de viver.

O primeiro efeito de se dividir a sociedade em tribos raivosas, sempre prontas a mostrar os dentes e a procurar pretextos para exercitar sua intolerância politicamente correta, é o risco permanente de se ofender alguém involuntariamente, ainda mais em um contexto dominado por slogans e frases de efeito, no qual são artigos em falta a interpretação de texto e a capacidade de discernimento, de graduar e contextualizar as coisas.

Hughes já alertava: estamos nos aproximando perigosamente do estado de natureza hobbesiano: uma guerra feroz de todos contra todos, sem regras nem valores compartilhados, sem respeito à lei e às regras de boa convivência, em suma, sem acordos possíveis.

Reforçando os muros entre grupos sociais, o que as políticas identitárias estão fazendo é negar a possibilidade de convivência harmônica, de uma interface positiva, de uma interação criativa e produtiva entre diferentes: elas não pregam a conciliação e a convivência pacífica como iguais, nem procuram a solução de conflitos, ao contrário.

O objetivo não é uma sociedade na qual haja respeito à diferença, não é um contrato social mais justo e equânime, que reconheça a riqueza da diversidade e no qual todos possam realizar seu potencial, respeitando as mesmas regras e com os mesmos direitos e oportunidades.

O objetivo é, rasgando qualquer contrato social, trocar de lugar com os antigos opressores, transformá-los em oprimidos e impor sobre eles suas próprias regras — no grito e pela violência, se preciso for. Nada de bom pode vir daí.

* * *

Muito provavelmente, Hughes hoje teria dificuldade para encontrar um editor que ousasse publicar "Cultura da reclamação" — e, se o livro chegasse a ser lançado, seria objeto de escândalo nas redes sociais antes de ser queimado na fogueira da nova Inquisição. Pois vivemos em uma época em que pessoas que se dizem tolerantes acham aceitável que escritores e artistas sejam perseguidos por suas opiniões e visões artísticas, e que filmes como "...E o vento levou" sejam cancelados. Uma época na qual a censura foi reabilitada e a perseguição é uma prática corriqueira.

Aderimos definitivamente à "crimideia" orwelliana, e os acusados de crimes de pensamento são diariamente "vaporizados" no tribunal sumário da lacração nas redes sociais.

Por exemplo, Hughes ousou escrever algo que é deliberadamente ignorado ou esquecido pela narrativa racialista da dívida histórica de ancestrais:

> O comércio do escravo africano como tal, o tráfico negro, foi uma invenção muçulmana, desenvolvida por comerciantes árabes com a entusiástica colaboração de comerciantes negros africanos, institucionalizada com a mais implacável brutalidade séculos antes de o homem branco aparecer no continente africano, e continuando muito depois que o mercado de escravos na América do Norte foi afinal esmagado. (...) África, Islã e Europa, todas participaram da escravidão negra, impuseram-na, lucraram com suas misérias. Mas no fim só a Europa e a América do Norte se mostraram capazes de conceber sua abolição; só a imensa força moral e intelectual do Iluminismo, apontada contra a hedionda opressão que representava a escravidão, conseguiu pôr fim ao tráfico.

Mas contra os muçulmanos ninguém faz protesto...

* * *

Basta olhar para os capacetes dos Washington Redskins para constatar: para qualquer pessoa de boa-fé, é *evidente* que não existe ali nenhuma intenção depreciativa, ao contrário; a imagem de um nativo americano poderia perfeitamente ser considerada uma homenagem aos povos indígenas — aliás, era esse o discurso dos dirigentes da equipe, até pouco tempo atrás — antes que a chantagem dos patrocinadores (por sua vez chantageados pelos grupos organizados das redes sociais) os fizesse mudar de ideia.

De forma similar, é *evidente* que não houve, no clipe da banda de k-pop Blackpink, intenção alguma de desrespeitar ou profanar a imagem de Ganesha, mas simplesmente de compor o cenário adequado à música, juntamente com outros elementos que evocam a cultura hindu.

A proposta, então, é apagar da cultura qualquer referência aos nativos americanos que não seja feita por eles próprios, qualquer referência ao hinduísmo que não seja feita pelos próprios hindus? Na real, a quem isso beneficiaria?

É um sinal altamente preocupante que os Washington Redskins e a Blackpink tenham cedido à pressão do ódio do bem. Quais serão os próximos passos dessa escalada da insanidade?

Felacrapá: o Festival de Lacração que Assola o País

EM 1966, O CRONISTA CARIOCA SÉRGIO PORTO LANÇOU "FEBEAPÁ — O FESTIVAL de Besteira que Assola o País". Assinado com o pseudônimo Stanislaw Ponte Preta, o livro reunia textos publicados originalmente no jornal "Última Hora", fundado por Samuel Wainer.

Eram crônicas que expunham situações absurdas ou ridículas do Brasil dos primeiros anos da ditadura militar. Mas não eram textos exatamente políticos: os personagens de "Febeapá" eram pessoas comuns, que figuravam em notícias incomuns publicadas nos jornais — como a turista russa detida no Aeroporto do Galeão por exibir um "volume estranho" (?) sob o vestido, tema da crônica "Respeitem ao menos a região glútea!"; ou o prefeito de Petrópolis, município da região serrana do estado do Rio de Janeiro, que baixou um decreto regulamentando os banhos de mar na cidade, no meio das montanhas.

Com o estilo irônico e bem-humorado que era a marca registrada de seu autor, "Febeapá" fez tanto sucesso que ganhou mais dois volumes, em 1967 e 1968 (ano da morte precoce de Sérgio Porto, aos 45 anos). Mas, se vivo fosse, o cronista teria no Brasil de 2020 material de sobra para escrever um volume inteiro novo por semana. Só o título teria que ser diferente: algo como "Felacrapá: o Festival de Lacração que Assola o País".

Porque muito mais contagiosa que a Covid-19 é a epidemia de lacração que acometeu boa parte da população brasileira. Dia sim, outro também, ficou impossível não se deparar com alguém arrotando regras, do alto de sua superioridade moral, sobre como as outras pessoas devem se comportar, o que podem e o que não podem dizer, que culpas devem carregar, que "lugares de fala" não podem ocupar.

Apontar o dedo compulsivamente para os outros é o sintoma mais claro dessa epidemia, mas a lacração também ataca a capacidade cognitiva e o discernimento moral do sujeito infectado, que passa a apresentar traços paranoicos e a demonstrar total incapacidade de aceitar a realidade como ela é.

Apresento a seguir uma seleção de episódios — todos extraídos do noticiário recente — que poderiam ser abordados por Sérgio Porto e figurar como verbetes de um hipotético "Felacrapá":

1) OVULÁRIO

De 1 a 5 de agosto a cidade de Jacobina, na Bahia, foi palco de um acontecimento histórico: a realização de um "ovulário". É tipo um seminário, mas como, etimologicamente, "seminário" e "sêmen" têm raízes comuns, e como o evento era exclusivo para mulheres, criou-se esse novo vocábulo como forma de resistência ao patriarcado heteronormativo machocrata e ao machismo estrutural feminicida da nossa sociedade.

Mas tem um problema aí: a palavra "ovulário" não revelaria um preconceito estrutural contra as "mulheres que não ovulam"? Por uma questão de lógica, o evento deveria ter sido "cancelado"

— a epidemia de cancelamento também é forte no país — pela militância LGBTQQICAPF2K+ ("Lésbicas, Gays, Bissexuais, Transexuais e Travestis, Queer, Questionando, Intersexo, Curioso, Assexuais, Pan e Polissexuais, Aliados, Two-spirit e Kink"; se você não entendeu alguma coisa, pesquise no Google).

Afinal de contas, a escritora inglesa J.K. Rowling, criadora do personagem Harry Potter, foi cancelada por simplesmente rejeitar o uso da expressão "pessoas que menstruam" no lugar da palavra "mulheres".

Como tudo que não presta, a moda não demorou a chegar ao Brasil. Em novembro de 2020, uma reportagem de um grande jornal de São Paulo trazia o título "Pessoas com vagina tendem a ser excessivamente preocupadas com a higiene íntima". Outra matéria falava sobre higiene "para quem tem um pênis".

As palavras "mulher" e "homem" não apareciam nas duas matérias. A explicação: jornalistas decidiram pagar pedágio para os ativistas trans que decretaram que mulher é qualquer pessoa que se identifique como mulher. Ou seja, um homem, com pênis, se quiser, tem o direito de ser considerado uma mulher como qualquer outra — e ai de quem discordar. A biologia e a genética se tornaram fascistas e politicamente incorretas.

Dois meses antes, em setembro, a revista "Carta Capital" tinha feito outra inovação, ao publicar a matéria "Câncer de colo para pessoas com vagina: o que você precisa saber".[2] Ficou a dúvida: "mulheres trans" operadas têm vagina, mas não têm útero: elas estão incluídas na matéria? A revista não teria sido preconceituosa?

Como era inevitável, essa escalada da insanidade já está criando um conflito entre feministas e ativistas trans: um dos alicerces do feminismo é justamente o fato de que as mulheres apresentam especificidades biológicas — como a gravidez, a menstruação, a TPM, a menopausa etc. — que as distinguem dos homens. Se ficar decretado que qualquer homem pode se declarar (e deve ser reconhecido como) mulher, o feminismo perde um de seus fundamentos.

É por isso que feministas vêm sendo canceladas pelo simples fato de declararem que transsexuais merecem respeito, é óbvio. Mas ser mulher é outra coisa.

É sério. Já em 2018, a jornalista e militante feminista Meghan Murphy teve sua conta no Twitter bloqueada por ela ter postado a seguinte frase: "Homens não são mulheres". A rede social atribuiu ao *post*, vejam só, um discurso de ódio, exigindo que a publicação fosse suprimida.

Outra líder feminista, Kellie-Jay Keen-Minshull, ousou publicar uma definição de dicionário do verbete "mulher": "mulher: substantivo; adulto feminino". Consequência; ela foi acusada de transfobia e obrigada a pedir desculpas. [3]

2) OBESIDADE

Paola Carosella — empresária, *chef* e jurada do programa MasterChef — foi cancelada porque disse que comida processada faz mal e provoca obesidade. Ou seja, ela apenas disse o óbvio. Mas foi o que bastou para provocar a ira dos lacradores de plantão, que acusaram Paola de... gordofobia. É isso mesmo: a turma do cancelamento decretou que está proibido combater a obesidade.

É apenas um detalhe insignificante que este seja um grave problema de saúde pública, um fator de risco associado a diversas doenças, incluindo o agravamento do quadro da Covid-19.

Hoje o compromisso com a lacração é mais importante que a saúde. Virou modinha, nos aplicativos de paquera, jovens se descreverem como gordas, com muito orgulho, como se isso fosse uma qualidade ou uma virtude. Não é. Obesidade é um problema de saúde. Obviamente pessoas com sobrepeso devem ser respeitadas, mas acusar os outros de gordofobia não as tornará mais saudáveis nem mais felizes.

A propósito, Paola também foi cancelada pelos militantes veganos, que não gostaram de suas críticas aos *nuggets* de papelão da KFC, produzidos por impressoras 3D sem "sofrimento animal".

No tópico alimentação, aliás, foi cunhada uma nova expressão: "nutricídio". Trata-se do "genocídio alimentar" que "surge a partir do contexto capitalista hegemônico de produção e distribuição dos alimentos" e "vem acompanhado do apagamento de povos e culturas", através da "mudança alimentar de suas culturas pela inserção de uma alimentação colonialista". Aham...

3) XADREZ

O milenar jogo de xadrez vem sendo acusado de... racismo, porque, segundo suas regras, o primeiro lance é sempre das peças brancas.

Por incrível que pareça, o assunto foi levado a sério por outrora respeitados veículos de comunicação, a ponto de ter provocado comentários de dois ex-campeões mundiais. Anatoly Karpov declarou: "Um período de total insanidade começou". Já Garry Kasparov, o maior jogador de xadrez de todos os tempos, foi mais irônico: "Se você está preocupado com isso, por favor jogue Go *[jogo de tabuleiro chinês onde as pretas jogam primeiro]*, em vez de parecer um tolo".

O enxadrista australiano John Adams postou no Twitter que recebeu uma ligação de um produtor da rádio ABC (pública) perguntando se ele queria participar de um debate sobre o tema. Ele declinou o convite e criticou a rádio por desperdiçar o dinheiro do contribuinte com "tópicos irrelevantes" e um "debate ridículo".

Desnecessário dizer, enxadristas negros jogam com peças brancas (ou negras) na mesma proporção dos enxadristas brancos. Ou seja, jamais um só enxadrista negro, ou chinês, ou indiano, ou de qualquer outra etnia foi prejudicado pela regra milenar do jogo. Aliás, recentemente tivemos um campeão mundial indiano (Viswanathan Anand), e hoje vários enxadristas ranqueados entre os "top 10" do planeta são chineses. Onde está o racismo?

4) GATILHO

No último Dia dos Pais, uma jovem postou em uma rede social um áudio fofinho do pai lhe desejando bom-dia. Logo apareceu uma moça pedindo a ela que apagasse o *post*. Estabeleceu-se o seguinte diálogo, que explica o motivo do estranho pedido:

"Mana, apaga isso, é um gatilho muito forte, por favor" ☹️

"Como assim??"

"5,5 milhões de crianças não têm pai no registro no Brasil, sem falar as outras que têm o pai no registro, mas o pai é ausente. A gente ver uma imagem dessas dói muito. E você, com uma quantidade razoável de seguidores, devia pensar nisso antes de postar algo. Falta de empatia total".

Não foi um caso isolado. Inúmeros *posts* de pessoas enaltecendo os pais foram criticados com comentários do tipo "Pena que não é todo mundo que tem pai, né?". Mas, por analogia, as pessoas que fizeram comentários assim também deveriam se abster para não magoar os milhões de brasileiros que não têm acesso a uma conta no Twitter. Eles também poderão alegar que o gatilho é muito forte, dói muito.

É a revolução das vítimas. Enquanto houver um só órfão ou criança abandonada no mundo, está proibido comemorar o Dia dos Pais. E quem tem pai vivo deve se sentir culpado. A mesma lógica se aplica a qualquer outro tema que possa ser explorado pela Lacrolândia.

Como se sabe, essas pessoas são seres iluminados e abnegados, que se recusam a comer enquanto existem pessoas com fome, que abrem mão de suas casas porque tem gente sem casa e que são capazes de doar a roupa do corpo enquanto houver mendigos (Ops! Pessoas em situação de rua) vestidos com andrajos. Até parece, né?

5) MATEMÁTICA

Laurie Rubel, uma professora de matemática no Brooklyn College, em Nova York, postou no Twitter que a equação 2 + 2 = 4 "cheira a patriarcado da supremacia branca". O *tweet* de Rubel foi apoiado e repostado por vários acadêmicos americanos — o que mostra que se trata de uma pandemia global, como a Covid, e que a estupidez não se limita ao Brasil (ainda que aqui ela se exerça com especial talento).

Segundo esses acadêmicos, a verdade objetiva da matemática é uma "construção social".

Uma rápida pesquisa no Google mostra que essa moda também está pegando entre nós: já abundam artigos sobre "matemática humanizada", ou associando a matemática à segregação de classe, raça e gênero etc. Em breve os estudantes aprenderão nas aulas de matemática que saber lacrar é mais importante que saber fazer conta. (Sérgio Porto poderia batizar essa crônica de "Respeitem ao menos a matemática!").

6) ÍNDEX

Índex era a lista oficial dos livros considerados nefastos, que foram proibidos pela Inquisição. O *Index Librorum Prohibitorum*, publicado pela Santa Sé em 1559, durante a Contra-Reforma da Igreja Católica, só foi extinto em 1966, pelo papa Paulo VI. Mas parece que os virtuosos defensores da democracia querem resgatá-lo, determinando quais livros ou filmes podem ser lidos e vistos e quais devem ser cancelados.

As novas gerações, por exemplo, estarão privadas de conhecer os filmes geniais do cineasta americano Woody Allen, para só citar um caso famoso: Allen foi mais uma vítima da asfixia moralista promovida pela "galera do bem" no tribunal de justiça sumária das redes sociais. É a censura democrática, imposta com a melhor das intenções por aqueles que são os detentores da verdade.

Sinal do gosto dessa turma pela censura e de sua compulsão a calar a boca do próximo é uma revista feminina ter publicado recentemente, sem o menor constrangimento, um índex de palavras e expressões da língua portuguesa que devem ser abolidas do uso cotidiano, entre elas:

- "Mal-amada" ("...dá a entender que uma mulher só é feliz, plena e de bem com a vida se está tendo relações sexuais");
- "Da cor do pecado" ("O termo propaga a ideia da época da escravidão de que o corpo negro é sensual e sexualizado e atribui essa cor de pele a algo pecaminoso");

- "Língua materna" ("...a expressão reforça o papel da mulher perante a sociedade patriarcal: o de ser a responsável pelo cuidado da casa e dos filhos");
- "Inveja branca" ("A expressão é associada a uma inveja boa, que não deseja o mal, reforçando a ideia da cor branca como positiva");
- "Criado-mudo" ("...o termo usado para nomear o móvel que fica ao lado da cama surgiu de uma das tarefas que os escravos eram obrigados a realizar: segurar objetos para os seus senhores");
- "Ovelha negra" ("...uma das expressões aliadas à palavra 'negro' que se tornam pejorativas e representam muitas vezes algo ilegal: ovelha negra, lista negra, mercado negro, magia negra");

Volta e meia, outras palavras e expressões vêm sendo acrescentadas ao *Index Lacrorum Prohibitorum*. Um caso recente foi "tomara que caia" (vestido ou blusa sem alças), expressão que os inquisidores do bem querem banir da língua, por considerá-la machista e misógina.

Não há limite para o ridículo.

Desnecessário dizer, a composição de Sérgio Porto "Samba do Crioulo Doido" e dezenas de outras canções que são parte indissociável da cultura musical brasileira, como "Nega do Cabelo Duro" e todos os sambas que citam a palavra "mulata" (outro vocábulo que passou a causar arrepios na patrulha da lacração identitária), estão sumariamente proibidas.

Por engraçado que possa parecer, cada episódio acima expõe a natureza doentia e extremamente perigosa da guerra cultural em curso na sociedade.

Estão tentando apagar na marra obras de referência da nossa cultura.

Estão mandando você aceitar quietinho e calar a boca — e muitas vezes, para não se aborrecer, você se cala.

E se alguém não aprecia (ou não entende) uma piada que você conta, você tem que se ajoelhar no milho e pedir perdão à malta ensandecida que vem pra cima de você babando de ódio. Mas não se iluda, eles não vão perdoar você: quanto mais você se humilhar, mais eles vão bater.

Encerro com um episódio recente envolvendo a cantora Marilia Mendonça, que fez durante uma *live* na pandemia um comentário bobo sobre um músico da sua banda que teria ficado com uma "mulher trans", provocando risadas.

Como era de esperar, a cantora foi massacrada pela turma do ódio do bem. Porque, como se sabe, está decretado que um homem que se define como mulher é uma mulher, e quem não concordar com isso merece ser linchado em praça pública.

Mas o que me chamou atenção foi o caráter preconceituoso e agressivo dos comentários dos internautas virtuosos: "Marília é uma gorda escrota; "Gorda imunda"; "Gorda só fala m****mesmo"; "Gorda e chifruda"; "Gorda fazendo gordice".

Ou seja: fazer uma brincadeira com trans não pode. Mas ofender uma cantora por ser gorda está liberado (isto é, menos para a *chef* Paola Carosella, acusada de gordofobia por ter criticado o consumo de alimentos processados).

Um peso e duas medidas. É o duplo padrão moral da esquerda: a moral "totalflex".

Do alto da sua superioridade, a esquerda-lacração tem licença especial para odiar, ofender e agredir quem bem entender: é o poder do lacre. Tempos muito estranhos.

A universidade com partido e a pluralidade de um lado só

REALIZOU-SE DE 14 A 24 DE JULHO DE 2020 O FESTIVAL DO CONHECIMENTO, evento *on-line* concebido para comemorar os 100 anos da criação da Universidade Federal do Rio de Janeiro — UFRJ (onde, aliás, estudei). Fundada em 1920, com o nome Universidade do Rio de Janeiro, e reestruturada em 1937, quando passou a se chamar Universidade do Brasil, a UFRJ atende pelo nome atual desde 1965.

A lista de palestrantes convidados, destacada no site oficial do evento, já dava uma ideia da pluralidade e da diversidade de pensamento que hoje reinam no ambiente acadêmico: a presença de Dilma Rousseff, Fernando Haddad, Marcelo Freixo e Jandira Feghali, representando a esquerda, foi amplamente equilibrada por... ninguém. Os artistas da lista, incluindo uma cantora trans, também eram de esquerda, vejam vocês.

É a pluralidade de um lado só. Alguém ficou surpreso?

Ocupada e aparelhada há décadas pela esquerda, a universidade pública é hoje uma das principais trincheiras de uma guerra de narrativas criminosa, que divide deliberadamente a sociedade entre "nós" e "eles" e joga brasileiros contra brasileiros.

A função precípua da universidade pública hoje, sobretudo na área de Humanas, não é ensinar nem capacitar para o mercado de trabalho: é doutrinar e formar militantes.

Como a maioria das universidades federais, se não todas, a UFRJ é claramente uma universidade *com* partido. Seus alunos aprendem que a política é uma disputa entre o bem e o mal, e que o mundo se divide entre esquerdistas e fascistas.

Em uma fase da vida na qual a necessidade de aceitação e pertencimento ao grupo é enorme, os estudantes são uma presa fácil dessa narrativa. Não surpreende, portanto, que qualquer evento promovido pela UFRJ convide exclusivamente políticos, intelectuais e artistas de esquerda.

Só tem um porém: sendo pública, ou seja, bancada pelos impostos pagos por *todos* os brasileiros — aí incluída a maioria do eleitorado que vem votando reiteradamente contra a esquerda nas últimas eleições —, a UFRJ deveria ser mais ecumênica na celebração do seu centenário. E não apenas por uma questão de honestidade moral e intelectual.

Convidar somente políticos representativos do campo derrotado nas urnas para a celebração do centenário de uma instituição bancada pelo povo é nada menos que um tapa na cara de 58 milhões de eleitores, em sua imensa maioria pertencentes às camadas populares da sociedade — ou Bolsonaro foi eleito pelas elites?

Em termos de estratégia política, ignorar, desqualificar, agredir ou fazer pouco dessas camadas populares é apenas uma burrice. Depois não entendem por que perdem apoio popular a cada eleição...

De qualquer forma, por curiosidade e dever de ofício, tentei assistir a algumas atrações do Festival do Conhecimento. Devo dizer que muitos painéis, sobretudo aqueles ligados à área da

Saúde, contaram com a participação de profissionais sérios e trataram de temas relevantes (ainda que muito específicos).

Mas rigorosamente todas as mesas voltadas para um público mais amplo — foco deste capítulo — foram cenário de um festival de pensamento único e lacração esquerdista, como veremos a seguir.

Na programação do dia 15/07, a primeira mesa que chamou minha atenção foi "Bolsas de pesquisa: reajuste de valor, extensão de prazo e outras lutas", um tema mais do que relevante. Afinal de contas, muitos graduados em militância não têm como se sustentar fora da bolha da academia, depois de formados. Eles têm um diploma mas, coitados, só foram capacitados para lacrar, perseguir adversários e praticar o "ódio do bem" nas redes sociais, em sua guerra contra o fascismo imaginário.

Depois de passar quatro anos tendo seus estudos pagos pelo povo (que, repito, elegeu Bolsonaro), é um direito desses estudantes continuar sendo bancados pelo dinheiro do povo, que está interessadíssimo nas pesquisas que resultarão dessas bolsas.

(Já em 2017 a "Gazeta do Povo" listou algumas monografias bancadas com dinheiro público , entre elas "Fazer banheirão: as dinâmicas das interações homoeróticas na Estação da Lapa e adjacências", "Mulheres perigosas: uma análise da categoria piriguete" e "Erótica dos signos nos aplicativos de pegação: processos multissemióticos em performances íntimo-espetaculares de si". Diante de pesquisas tão importantes, o sofrido povo brasileiro certamente apoiará essa luta por extensão de prazo e reajuste do valor das bolsas.)

No mesmo dia, o painel temático "A ascensão da extrema-direita em perspectiva internacional: contribuições a partir da leitura do Pós-Fascismo" partiu da premissa de que integram a "extremadireita" todos os governos de direita e/ou conservadores eleitos nos últimos anos pelo voto popular.

Como se sabe, o povo só tem razão quando elege os candidatos que a esquerda apoia; caso contrário, estará apoiando o Fascismo e destruindo a democracia, porque toda derrota da esquerda representa uma ameaça à democracia, e todo governo à direita de Stálin é de extremadireita. Também constava na programação do dia uma "apresentação cultural" da Mídia Ninja ("Narrativas independentes, Jornalismo e Ação"), um coletivo que, segundo o site do *think tank* liberal Ilisp, fez parcerias com o bilionário George Soros [4] e, segundo o jornalista Lauro Jardim, negociou cargos com o (e recebeu verbas do) Governo Dilma. [5]

No dia seguinte, 16/07, mais do mesmo: no painel "Reconfigurações do Fascismo" (a fixação dessa turma na palavra "fascismo" é quase sexual; "fascismo" é o novo "Aécio"), tentou-se mais uma vez demonstrar que a única alternativa ao projeto da esquerda no Brasil e do mundo é o Fascismo, e que todos que discordarem disso desejam o aumento da desigualdade e o extermínio dos pobres (os mesmos pobres que a esquerda despreza e ofende, por terem votado em Bolsonaro).

Queria ter assistido à mesa "Barbosão: Futebol, resistência e lazer". Segundo entendi, é uma galera que se reúne para jogar pelada como forma de resistência. Um dos times da liga é o Soviet FC, que postou o seguinte em uma rede social: "Entendemos que, se o Barbosão quer ser uma resistência e um espaço que junte a classe trabalhadora para jogar futebol e debater a sociedade, só fará isso com êxito se conseguir incluir as mulheres e debater o machismo presente no dia a dia da sociedade e do futebol".

Voltei à plataforma do Festival 100 Anos de Lacração, digo, Festival do Conhecimento, em 20/07. O destaque da programação do dia foi o painel temático "Gordofobia no discurso da saúde para o controle dos corpos gordos".

Aprendi com esse painel que a obesidade não é um problema de saúde pública que coloca em risco os cidadãos com sobrepeso, problema associado a doenças coronarianas, AVC, vários tipos de câncer, diabetes, hipertensão etc. Li também em várias fontes que até as complicações da Covid-19 são maiores e mais frequentes nos obesos. Mas descobri que fui enganado. Os gordos são, na realidade, vítimas de uma narrativa opressora, cujo objetivo é controlar seus corpos.

(Então você já sabe: na próxima consulta, quando seu médico recomendar perder alguns quilinhos, você deve responder na lata "Seu fascista!", sair do consultório e se empanturrar de hambúrguer, batata frita e milk-shake na lanchonete de *fast food* mais próxima. Será um ato de resistência.)

Também estavam na programação do dia outros debates interessantes, como "Cozinhas e gênero: masculinidades e feminismos em debate" (mas não deveriam escrever "Cozinhes"?), "Saúde das atletas trans no meio esportivo", "Nudes: entre a expressão e possibilidades de empoderamento da juventude" (como se sabe, os nudes empoderam os jovens) e "A transdisciplinaridade na vida: diálogo em torno da multi, inter e transdisciplinaridade, suas definições, usos e benefícios".

Por fim, um painel temático intitulado "Ninguém solta a mão de ninguém". Mas acabei perdendo, porque a mesa sobre gordofobia abriu meu apetite, e passei o resto do dia comendo para protestar contra a ditadura.

O ápice do evento foi a palestra da ex-presidente Dilma Rousseff.

Sim, é isso mesmo: a UFRJ decidiu homenagear em seu centenário a presidente que foi responsável pela maior tesourada no orçamento da Educação da História deste país (corte de R$ 10,5 bilhões em 2015, isso sem nenhuma pandemia); a presidente que saudou a mandioca e queria dobrar a meta sem ter meta; a presidente que levou a economia brasileira para o abismo, com inflação de dois dígitos, recessão com crescimento negativo de 3% por dois anos seguidos e desemprego galopante, enterrando o projeto petista de perpetuação no poder (talvez o único aspecto positivo de seu governo); a presidente em cujos mandatos foram batidos sucessivos recordes no número de assassinatos no Brasil (56.337 em 2012, 59.626 em 2014, 61.600 em 2016). Enfim, a lista de realizações seria longa.

Os temas da palestra de Dilma foram o "capitalismo de vigilância" e a "quarta revolução tecnológica". O vídeo está disponível no YouTube, para quem estiver com saudade da presidente com o histórico acima.

No dia seguinte, 21/07, o título de uma mesa me deixou confuso: "O neoliberalismo e a privatização do dinheiro". Sempre achei que dinheiro, por definição, fosse privado, já que dinheiro público é o dinheiro dos pagadores de impostos, confiscado compulsoriamente pelo Estado (para, entre outras coisas, pagar as bolsas de pesquisa dos militantes e promover eventos lacradores só para a esquerda).

Mas eu estava errado: na verdade, todo dinheiro é público, e todo dinheiro privado, parafraseando Proudhon, é um roubo. Deveriam criar, inclusive, uma estatal chamada Dinheirobrás, para combater o neoliberalismo fascista e a privatização do dinheiro.

Outra atração do dia foi o painel "Trans(formações): do mictório à Constituição". E um dos debates do dia 23/07 tinha como tema "Um papo sobre a implementação de um serviço do processo transexualizador no interior do Nordeste e visões do manejo em saúde da população trans no Brasil". Porque a população do interior do Nordeste não tem problemas mais sérios e urgentes para resolver.

Destacavam-se na programação do último dia do evento as mesas "Fascistização *[olha a fixação sexual...]* na atual conjuntura política brasileira" e "Gêneros e Sexualidades e sua emergência nas pesquisas em Educação em Ciências e Matemática".

Porque, como todo mundo sabe, as ciências e a matemática mudam conforme o gênero e a sexualidade da pessoa. Você não sabia disso? Seu fascista!

Como a agenda da lacração joga contra a esquerda

EM SETEMBRO DE 2017, DURANTE O EVENTO "PANORAMA DA ARTE BRASILEIRA", no Museu de Arte Moderna de São Paulo, um artista plástico apresentou uma performance na qual uma criança de 4 anos era estimulada a interagir fisicamente com um homem adulto nu, para deleite de uma plateia formada por adultos vestidos.

Um vídeo registrando trechos da performance viralizou nas redes sociais e despertou reações imediatas da sociedade. Foram tantas as manifestações de indignação de brasileiros comuns que o Ministério Público abriu um inquérito para investigar o eventual caráter criminoso da performance, por expor e constranger uma menina em idade pré-escolar a uma situação percebida como repugnante e inaceitável pela imensa maioria das pessoas que viram as imagens.

E qual foi a resposta do museu? Divulgar uma nota afirmando que as reações negativas à performance eram, vejam só, "resultado de desinformação, deturpação do contexto e do significado da obra" e lamentando "as interpretações açodadas e manifestações de ódio e de intimidação à liberdade de expressão que rapidamente se espalharam pelas redes sociais".

Os artistas e intelectuais que se manifestaram sobre o episódio seguiram o mesmo diapasão, acusando de ignorantes e defensores da censura as pessoas comuns que, segundo afirmavam, não entendiam nada de arte e não tinham capacidade para entender a beleza e a sensibilidade de se expor uma criança à nudez de um adulto. Ou seja, ainda se fizeram de vítimas de uma suposta ignorância dos imbecis que não compreenderam que aquilo era arte.

O caso foi tema de um debate em um programa de variedades na TV, no qual todos os participantes repetiram, previsivelmente, o mesmo discurso lacrador. Para justificar o injustificável, citaram a nudez do Davi de Michelangelo, citaram as praias de nudismo, citaram hábitos e costumes da Dinamarca.

O que não estava previsto no roteiro do programa era a intervenção de uma simpática senhora da plateia, dona Regina, que lembrou aos debatedores o óbvio: tratava-se de uma criança. Uma menina de 4 anos. A mensagem de sua intervenção no debate foi: façam a arte que bem entenderem — aliás há muito tempo nudez não choca mais ninguém —, mas a infância é uma fronteira que não pode ser ultrapassada.

Na época, escrevi uma "Carta aberta à dona Regina", da qual destaco os trechos abaixo:

> "Com seu jeito simples, o que a senhora fez foi revelar o abismo crescente que se cava entre os brasileiros comuns e a classe que pretende falar em seu nome. Esses brasileiros não se chocam com a nudez nem estão interessados na arte das elites pensantes e falantes, até porque eles têm mais o que fazer.
>
> "Mas, para esses brasileiros, a infância é uma fronteira que não pode ser ultrapassada. O que a senhora fez foi vocalizar o desconforto do Brasil real diante desse limite que foi desrespeitado.

"A reação dos apresentadores foi reveladora desse abismo. Diante de uma idosa que poderia ser mãe ou avó deles, as expressões e olhares foram de perplexidade, ódio, desprezo, deboche. E a senhora respondeu com um olhar de bondade, sereno e doce.

"Ao 'Não vou nem comentar' emitido com ar de desdém e superioridade moral por uma atriz que participava do debate, a senhora respondeu com a paciência de quem não se incomoda em explicar o óbvio: o choque não vinha da nudez do adulto, vinha da exposição da criança. E o fato de a menina estar acompanhada da mãe não era um atenuante da situação: era um agravante. (...)

"Não sei se esses intelectuais das redes sociais não entendem ou se fingem que não entendem nada disso. O mais irônico, Dona Regina, é que eles parecem não se dar conta da campanha involuntária que estão fazendo, ao jogarem no colo da direita a bandeira da defesa da infância — como já jogaram, em um passado recente, a bandeira do combate à corrupção. Com progressistas agindo dessa maneira, os conservadores agradecem."

Comentando meu texto, um amigo discordou e me disse que eu estava sendo conservador e "careta". Respondi: "Continuem mexendo com crianças e vocês vão eleger Bolsonaro presidente no primeiro turno".

Estávamos, repito, em setembro de 2017, quando a vitória de Bolsonaro não era vislumbrada nem nos piores pesadelos da esquerda.

* * *

Eu me lembrei do episódio de dona Regina ao me deparar com a postagem abaixo de um *youtuber* famoso, que afirmava o seguinte:

> "Tweets óbvios que todo mundo sabe (ou deveria):
> Mulher trans é mulher. (...)
> *Se você não sabe disso em 2020, você precisa sair da bolha hétero e conversar com mais gente".*

(Parêntesis: por causa de uma brincadeira inocente, o mesmo blogueiro havia sido perseguido e acusado de transfobia pouco tempo antes dessa postagem. O que sinaliza o seguinte:

Há um mecanismo psicológico curioso em curso: pessoas massacradas e ameaçadas de cancelamento abaixam a cabeça, se ajoelham no milho, pagam pedágio e se submetem à patrulha.

Aconteceu recentemente com uma historiadora, a quem desautorizaram e mandaram calar a boca por não ter "lugar de fala" para escrever sobre determinados temas — e ela concordou e pediu desculpas.

É uma espécie de Síndrome de Estocolmo do cancelamento.)

Voltando ao *tweet* lacrador: a língua portuguesa é viva, evidentemente, e o sentido das palavras é flexível, podendo variar no tempo. Por outro lado, papel aceita qualquer coisa, e cada um escreve o que quiser.

Mas não funciona assim com a biologia, a genética e a natureza.

Cada um opta, para si, pela definição de "mulher" que julgar mais adequada, mas não pode impor aos outros essa definição, até porque a natureza seguirá indiferente à lacração. Por óbvio, existem diferenças biológicas e anatômicas entre quem nasce mulher e quem nasce homem (mas decide assumir uma identidade de gênero feminina) que nenhum artifício de linguagem e nenhuma sociologia militante podem mudar.

(Atenção, nada contra os trans: se não estiverem prejudicando ninguém nem violando nenhuma lei, pessoas adultas são livres para fazer suas escolhas, com responsabilidade e sem sofrer discriminação alguma.)

Mas o propósito aqui não é criticar o *youtuber*, nem iniciar um debate sobre gênero e sexualidade, ou sobre as distintas definições (biológicas, psicológicas, socioculturais etc) de homem e mulher.

Quero me ater ao caráter imperativo e impositivo da postagem, porque reconheci ali o mesmo tom intransigente e debochado de superioridade moral, a mesma atitude arrogante com que intelectuais e artistas progressistas fizeram cara de nojinho para dona Regina e defenderam a performance artística que expôs uma criança ao contato físico com um adulto nu — sem se dar conta de que, com isso, estavam fazendo campanha involuntária para Jair Bolsonaro e a direita conservadora.

Essa atitude recorrente revela que a esquerda ainda não entendeu que, ao fazer pouco dos valores da maioria dos brasileiros, está se isolando do país real e perdendo cada vez mais apoio da população.

Mas não é só isso: a esquerda também está prestando um desserviço a bandeiras legítimas das minorias, já que suas causas passam a ser vistas como monopólio de um campo político associado à corrupção — e hoje minoritário e desmoralizado, apesar de contar com o mal disfarçado apoio da grande mídia.

Quando se parte para o sectarismo e a perseguição a pessoas comuns, o objetivo da lacrosfera não é buscar o entendimento e o consenso sobre direitos e conquistas sociais, mas usar minorias como ferramentas para atacar, desqualificar, calar e abater brasileiros apontados como inimigos pelo simples fato de defenderem valores conservadores.

O brasileiro comum que estuda, trabalha e paga boletos percebe que, no fundo, é disso que se trata: da apropriação e manipulação de bandeiras legítimas — os direitos das minorias, a liberdade de expressão, o combate ao preconceito — por um campo político que já se declarou capaz de "fazer o diabo" pelo poder.

Transformadas em armas de um embate ideológico, de uma guerra de narrativas sem tréguas, essas bandeiras ficam contaminadas, por associação, pelo colapso moral da esquerda brasileira associada ao lulopetismo.

Aos olhos do brasileiro comum, o que deveria ser luta legítima e construtiva pela igualdade de direitos e pela união e convivência harmoniosa de todos os brasileiros se torna guerrilha focada em dividir, disseminar o ódio, sabotar e destruir.

Foi esse brasileiro comum — que está cansado de ser chamado diariamente de burro e fascista pelo campo progressista e de ser calado na base do grito e do constrangimento — que elegeu Bolsonaro em 2018. Se a esquerda não mudar seu comportamento e sua estratégia, é bem possível que decida reelegê-lo em 2022.

Esse brasileiro comum ficou indignado quando viu imagens de uma criança sendo exposta ao contato com um adulto nu em uma performance artística. E fica indignado quando intelectuais do YouTube e artistas lacradores tentam enfiar goela abaixo, por exemplo, a ideologia de gênero, como se fosse um fato consumado e algo óbvio que só os burros e idiotas não entendem nem aceitam.

Esse brasileiro comum fica indignado, também, quando professores ensinam aos seus filhos em sala de aula que eles devem experimentar de tudo antes de decidir qual será sua orientação sexual — e os pais que não acharem isso muito bonitinho e natural são nazistas e genocidas.

(Pior ainda se forem famosos: a patrulha da cultura do cancelamento está sempre alerta para esfolar e massacrar qualquer celebridade que não apoie incondicionalmente sua agenda. Porque quem discorda do pensamento único é gado e imbecil, e o linchamento de celebridades tem o efeito pedagógico de dar o exemplo e amedrontar as pessoas comuns.)

Fato: em vez de tentar construir pontes com esse brasileiro comum e reconhecer que sua estratégia está fracassando, o campo progressista dobra a aposta e se entrincheira no cercadinho ideológico da mídia e da academia.

A esquerda opta, assim, por viver em uma realidade alternativa, na qual ela tem o poder de decidir por decreto que a exposição de uma criança ao contato com um adulto nu é arte, ou que não existe nenhuma diferença entre uma "mulher trans" e uma mulher.

Eles falam e escrevem com a autoridade de seres iluminados que determinam o que é óbvio, o que é certo ou errado, o que é bom ou mau para o restante da população. Má notícia para eles: o Brasil real é muito diferente do Brasil da *timeline* do Facebook e das bolhas da academia e da classe artística: nos costumes, o Brasil real é majoritariamente conservador.

Nesse contexto, para ter chances mínimas de sucesso, qualquer luta ligada a mudanças na moral e no comportamento deveria focar a construção de pontes, não de muros. Não será no grito e no deboche, nem constrangendo e desqualificando a maioria da população que as coisas vão mudar.

Ao contrário: táticas de coerção e violência verbal só servirão para acirrar ainda mais as diferenças, fomentando a segregação e o sectarismo, em vez de contribuir para o consenso e a superação de preconceitos.

Não sei qual foi o real peso da pauta progressista nos costumes na eleição de 2018, mas seguramente algum peso teve. Contudo, nem a mídia, nem a *inteligentzia* (ou a *burritzia?*[26]), nem a turma da lacração nem a esquerda em geral reconheceram (ou sequer entenderam) isso.

Em um passado recente, escrevi reiteradas vezes que, enquanto a esquerda brasileira teimasse em se associar ao lulopetismo, a direita só faria crescer. Não deu outra: os resultados das eleições de 2016 e 2018 foram confirmações eloquentes dessa tese.

Hoje minha intuição é que, quanto mais a esquerda tentar impor na base da grosseria pautas transgressoras que contrariam os valores da maioria da população, mais ela se distanciará do Brasil real, e pior será o seu desempenho nas urnas. E, apesar do esforço da grande mídia para manipular os dados, no momento em que escrevo, os resultados do primeiro turno das eleições municipais de 2020 demonstram que, mais uma vez, a esquerda fracassou miseravelmente, por qualquer critério — mais um motivo para rotularem a matemática de fascista...

Em São Paulo, com a desidratação do PT, que historicamente sempre colocou um candidato no segundo turno, era natural que alguém herdasse os votos do partido, e a verdade é que ninguém aposta em Boulos contra Covas. No total de prefeitos eleitos no Brasil, o MDB liderou (754), seguido pelo PP (666), PSD (631), PSDB (486), DEM (450) e PL (335). Só então aparecem o PDT (304) e o PSB (245). O PT elegeu 174, o PCdoB 45 e o PSOL quatro prefeitos. Nas capitais, sete prefeitos foram eleitos no primeiro turno: três do DEM, dois do PSD e dois do PSDB. No segundo turno, realisticamente, o que a esquerda pode esperar é eleger dois prefeitos do PDT, dois do PSB e um do PSOL.

Conclusão: a importância que a mídia dá aos partidos de esquerda é hoje totalmente desproporcional à sua representatividade política.

Cleópatra e o tribunal da lacração

ESTÁ FICANDO RIDÍCULO JÁ. GAL GADOT, A ATRIZ ISRAELENSE QUE FICOU FAMOSA no papel da Mulher-Maravilha, foi escalada para interpretar Cleópatra no cinema, na nova versão que será produzida pela Paramount. O filme será dirigido por uma mulher, Patty Jenkins, e a própria atriz revelou no Twitter que a proposta é "recontar a história pela primeira vez através dos olhos das mulheres, tanto atrás quanto na frente das câmeras". Perfeito. Mas nem pagando esse pedágio para as feministas Gadot se protegeu contra a cultura do cancelamento que domina o Ocidente. É a revolução dos imbecis.

Gal Gadot no papel de Cleópatra? Não pode. Um exército de ativistas identitários está acusando Hollywood de "whitewashing" — expressão que denuncia o "embranquecimento" de personagens de outras etnias.

"Hollywood sempre escala atrizes americanas brancas como a Rainha do Nilo. Pelo menos uma vez, eles não conseguem encontrar uma atriz africana?", postou, por exemplo, o ator James Hall no Twitter. "Gal Gadot é linda, mas escolhê-la para interpretar Cleópatra no cinema não ajuda a informar que a grande Rainha do Egito era uma mulher negra", escreveu uma internauta. Milhares de outros *posts* foram bem mais raivosos.

Em 1963, Cleópatra foi interpretada por Elizabeth Taylor, no épico que se tornou um clássico do cinema — o filme também ficou famoso por estourar de tal forma o orçamento que acabou causando prejuízo, apesar do sucesso internacional.

Na época, um momento particularmente intenso da luta por direitos e liberdades civis, as minorias estavam preocupadas com coisas mais importantes: a lei que acabou com a segregação racial nos Estados Unidos seria assinada no ano seguinte, 1964, pelo presidente Lyndon Johnson. Mas hoje, seguramente, Elizabeth Taylor seria cancelada, e hordas de defensores virtuosos da democracia se mobilizariam para pedir a censura do filme.

Não é a primeira vez, aliás, que Gal Gadot é vítima da lacração. Em março de 2017, a atriz foi alvo de violentos ataques nas redes sociais porque apareceu em uma cena do trailer de Mulher-Maravilha com... as axilas depiladas.

Os lacradores ficaram revoltados. Afinal de contas, a Mulher-Maravilha é um símbolo pop do feminismo e da mitologia das amazonas, mulheres que viviam isoladas e não correspondiam aos padrões de beleza da sociedade capitalista heteronormativa, machocrática, misógina e feminicida.

Ou seja, queriam que a Mulher-Maravilha aparecesse no filme com o sovaco cabeludo. É sério: "Por que a Mulher-Maravilha não tem axilas peludas? Estou farto desse feminismo falso", escreveu uma fã da personagem.

Não parou aí: em março de 2020, já em plena quarentena provocada pela pandemia, a atriz israelense sofreu diversas críticas por ter aparecido em um vídeo com outras celebridades do cinema e da música cantando "Imagine", de John Lennon, cada um na sua casa. A intenção do vídeo era, evidentemente, distrair e alegrar a vida das pessoas confinadas em seus lares, mas a iniciativa foi considerada ofensiva, por estar "desconectada da vida das pessoas comuns". Ser bonita, rica e famosa e morar em uma casa confortável é hoje considerado algo ofensivo.

É claro que não se pode descartar um componente antissemita nesses ataques e na reação histérica à escalação de Gadot como Cleópatra. A atriz cumpriu o serviço militar obrigatório nas Forças Armadas de Israel — o que já seria motivo suficiente para despertar a ira dos progressistas que adoram os palestinos e odeiam os judeus (mas nazistas são os outros).

* * *

Não que isso seja importante, mas o episódio serviu ao menos para trazer à tona um antigo debate sobre a ancestralidade da rainha do Egito. Em 2009, pesquisadores austríacos publicaram um estudo que concluía que Cleópatra tinha origem étnica mista, na qual prevalecia a ascendência grega: ela seria descendente de Ptolomeu, general macedônio de Alexandre, o Grande, e portanto pode perfeitamente ter sido branca, o que joga por terra toda a indignação dos ativistas de redes sociais com a escalação de Gal Gadot para o papel.

Outro estudo, publicado pela revista "Nature" em 2017, afirmou que evidências arqueológicas (baseadas na análise do DNA de 90 múmias) indicavam um parentesco mais próximo dos egípcios da época de Cleópatra com a população do Oriente Médio, da Turquia e do Mediterrâneo do que com os africanos negros ao sul do Deserto do Saara.

Além disso, o território que hoje corresponde ao Estado de Israel, onde Gadot nasceu, também fazia parte do Egito antigo. A Cleópatra histórica poderia muito bem se parecer com a atriz israelense. Ou seja, os protestos não fazem sentido, são apenas ridículos.

Mas, acreditem, já tem gente reclamando porque Gal Gadot é alta, e Cleópatra seria baixinha: a escolha da atriz seria, portanto, uma manifestação evidente de baixinhofobia...

E por que eu disse que isso não é importante?

Porque um filme é uma forma de manifestação artística, e um artista é livre para escalar quem ele quiser para interpretar qualquer personagem. Se a diretora do filme quiser escalar um homem para interpretar o papel de Cleópatra e uma mulher para o papel de Marco Antônio, é um direito dela. Se ela quiser representar Cleópatra como uma tartaruga e Júlio Cesar como um aspirador de pó, é um direito dela. A arte é livre. Um filme não é um ensaio acadêmico comprometido com a verdade histórica.

Vinte anos atrás, o diretor de teatro Antônio Abujamra encenou três versões de "Hamlet": uma só com atores homens, inclusive nos papéis femininos, outra só com atrizes mulheres, inclusive nos papéis masculinos, outra com um elenco inteiramente negro. Ninguém reclamou. Naquele tempo, somente nas ditaduras se tentava controlar escolhas artísticas. Mas, no "novo normal" da cultura da lacração, a censura virou ferramenta de luta pela democracia.

Aliás, uma das interpretações mais impressionantes que já vi de "Hamlet" foi a de um ator negro, o francês William Nadylam, em uma montagem dirigida por Peter Brook em 2002. Por óbvio, não foi o que Shakespeare imaginou ao escrever a peça sobre o príncipe da Dinamarca, mas e daí? Nadylam foi mais convincente no papel do que muitos atores brancos.

Um ator negro deveria ser proibido de interpretar Hamlet? Pela lógica dos lacradores que se dizem tão preocupados com o rigor histórico, sim. O papel estaria reservado a atores com exame de DNA comprovando ancestrais dinamarqueses.

A verdade é que o mundo está ficando cada vez mais chato, com uma minoria barulhenta determinando o que a maioria pode pensar, dizer ou mesmo assistir. Basta lembrar que, a partir do ano que vem, para concorrer ao Oscar um filme terá que cumprir várias regras de "representação equitativa", independentemente da história contada.

Em outras palavras, a indústria do cinema decretou o fim da liberdade artística, e todo mundo está achando bonito. Nesse caminho, no futuro qualquer filme terá que incluir no mínimo um personagem esquimó, mesmo que a história se passe no Deserto do Saara ou no litoral do Nordeste do Brasil.

O mundo está doente, mas não é só de Covid-19: a epidemia de chatice é ainda mais contagiosa.

Woody Allen, Spike Lee e a cultura do cancelamento

"EU SÓ QUERO DIZER QUE WOODY ALLEN É UM GRANDE, GRANDE CINEASTA, E essa coisa de cancelamento não é só sobre Woody. Quando olharmos para trás, veremos que, a não ser matando alguém, não sei se você pode apagar uma pessoa como se ela nunca tivesse existido. Woody é meu amigo, um colega fã dos *[New York]* Knicks, e eu sei que ele está passando por isso agora."

A declaração acima foi feita pelo cineasta Spike Lee durante uma entrevista a um programa de rádio nova-iorquino, "The Morning Show". O diretor de "Faça a coisa certa" e outros longas-metragens de sucesso — o programa era sobre seu último filme, "Destacamento Blood", lançado diretamente na Netflix — só disse verdades. Ele merecia ser aplaudido, por três motivos:

- Primeiro, por exaltar a importância de Woody Allen como cineasta: querer apagar o diretor de "Manhattan", "Hannah e suas irmãs" e "Crimes e contravenções" da história do cinema é querer mudar o passado, proposta por si só autoritária e perigosa, digna da mentalidade autoritária das piores ditaduras;

- Segundo, por apoiar o direito de defesa de Woody Allen em uma história que é, na pior das hipóteses, controversa (ele foi acusado de ter abusado sua filha adotiva, Dylan Farrow, em 1992), uma vez que nunca foram apresentadas provas conclusivas, apenas alegações, todas devidamente contestadas, publicamente e na Justiça (mas o tribunal das redes sociais não liga para isso);
- Terceiro e mais importante, por criticar a "cultura do cancelamento" que não cessa de fazer vítimas nestes tempos estranhos em que vivemos, quando autodenominados antifascistas vandalizam estátuas de Cristóvão Colombo, Winston Churchill e até Mahatma Gandhi.

Mas Spike Lee não recebeu nenhum aplauso por sua declaração, ao contrário: ao que tudo indica, tornou-se ele próprio objeto de ameaças veladas ou explícitas da milícia politicamente correta, que está sempre pronta a vigiar e punir, perseguir e destruir.

O cineasta não resistiu à pressão: no dia seguinte à entrevista, voltou atrás e se retratou no Twitter. Aparentemente, o medo de ser ele próprio "cancelado" foi maior que a coragem de sustentar suas opiniões:

"Peço desculpas profundamente", escreveu. "Minhas palavras estavam erradas. Eu não tolero e não tolerarei assédio, agressão ou violência sexual. Isso causa danos reais que não podem ser minimizados".

Reparem que a premissa desse pedido de desculpas é que Woody Allen é culpado — não apenas de assédio, mas também de agressão e violência sexual. Quem acusa, julga e condena é o tribunal da internet, e ai de quem contestar a decisão dessa nova Inquisição.

Às favas a presunção de inocência e todas as circunstâncias que tornam o caso duvidoso, como o fato de a denúncia original ter sido feita em meio a um processo litigioso de separação entre Allen e Mia Farrow.

Nada disso tem importância. Para agradar aos seus pares e não ser cancelado, Spike Lee entregou à turba, via Twitter, a cabeça daquele que, na véspera, chamara de amigo.

É isso que o ambiente de medo e patrulha, que hoje se dissemina como um vírus pior que o da pandemia de Covid-19, provoca nas pessoas: desperta o que elas têm de pior. Em algumas é o ódio e o ressentimento; em outras, o medo e a covardia. Muitas, movidas pela mesquinharia e miséria moral, se comprazem com a destruição de artistas que até outro dia atrás diziam admirar.

O ódio mobiliza mais do que o amor, e os medíocres sentem mais prazer em ver uma estrela cair que em ver uma estrela brilhar.

A mesma covardia ficou patente quando a Amazon desistiu de incorporar o último filme de Woody Allen, "Um dia de chuva em Nova York", ao catálogo de sua plataforma de *streaming*, rompendo unilateralmente um contrato com base na viralização planejada dos ataques contra o cineasta, nas redes sociais.

Hoje, planejando direitinho, basta um punhado de covardes e outro punhado de inocentes úteis, além dos recursos tecnológicos adequados, para destruir em questão de horas a reputação de qualquer pessoa — até mesmo de um gênio como Woody Allen.

A covardia também ficou escancarada quando, pateticamente, atores do filme citado se disseram "arrependidos" de trabalhar com o cineasta, caso do jovem Timothée Chalamet, de Ellen Page e de Rebecca Hall. Uma das poucas atrizes a romper o piquete virtual e apoiar Allen foi Scarlet Johansson — e, adivinhem, foi duramente criticada por isso.

(Na época desse linchamento "do bem" promovido pelo elenco de "Um dia de chuva...", Woody Allen fez um diagnóstico preciso: "Esses atores não têm ideia dos fatos e se apegam a uma posição segura, pública e egoísta. Quem no mundo não é contra o abuso sexual de crianças? Mas é assim que atores e atrizes são, e me denunciar se tornou a coisa mais elegante a se fazer".)

A covardia também se explicitou, por fim, quando a editora francesa Hachette desistiu de publicar o livro de memórias do cineasta, "Apropos of nothing", às vésperas do lançamento.

* * *

A cultura do cancelamento é a nova roupagem do assassinato de reputações promovido pelo campo progressista (a "galera do bem") e está cada vez mais disseminada nas redes sociais: elege-se um inimigo, cola-se nele um rótulo qualquer, e o cidadão é sumariamente julgado, condenado e esfolado na praça pública da internet, sem direito a defesa nem contraditório.

É uma prática mau-caráter, que evidentemente pode gerar danos irreparáveis: mesmo que mais tarde fique provada a inocência do "réu", sua imagem já terá ficado irremediavelmente comprometida por um tribunal de exceção, composto por gente que só ataca em bando e pratica diariamente o ódio, apesar de pregar um discurso de amor. E, desnecessário dizer, jamais se vê um pedido de desculpas pelo dano causado.

Somente o medo desse "ódio do bem", aliás, explica o silêncio ensurdecedor da classe artística diante da CENSURA (pois de outra coisa não se trata) ao filme "...E o vento levou", obra canônica do cinema americano, item obrigatório do acervo da cultura do século 20.

Ou o pedido de desculpas do humorista da Porta dos Fundos acusado de gordofobia — ainda mais quando lembramos que o Porta dos Fundos se arvorou em defensor inflexível da liberdade de expressão no caso da cristofobia, quando um especial de Natal mostrando um Jesus caricatamente gay ofendeu muito mais gente. [7]

Ou tantas outras retratações públicas que vêm se acumulando nos últimos anos, dignas das confissões encenadas nos julgamentos de Moscou, na época de Stálin. Vale lembrar que, mesmo confessando sob tortura crimes que jamais cometeram, as vítimas do terror stalinista eram executadas (ou, na melhor das hipóteses, condenadas a longas penas na Sibéria).

A censura a "...E o vento levou"[8] representa um novo patamar nessa escalada de insensatez: uma fronteira perigosa foi ultrapassada.

Mas o processo de perseguição e censura não parou aí. Em junho de 2020, até um desenho animado, "Patrulha canina", foi atacado por ativistas por — pasmem — *representar policiais de forma positiva.*[9] Porque, como se sabe, policiais são pessoas do mal que perseguem traficantes, que são vítimas da sociedade.

É sério, e a onda de loucura continuou: a marca de brinquedos Lego parou de vender sua linha policial (delegacia, carros de polícia, bonequinhos de guardas fardados), em respeito à memória de George Floyd. [10]

E quem tentar explicar que um policial assassino não é a mesma coisa que a instituição da polícia, sem a qual a sociedade se esfacelaria em questão de dias, corre o risco de ser chamado de fascista e cancelado nas redes sociais.

É prudente os intelectuais e artistas que ainda conservam alguma independência acordarem antes que seja tarde. Porque já ficou claro que qualquer pessoa está sujeita a passar de estilingue a vidraça, pelos motivos mais fúteis.

Não basta Elizabeth Bishop ter sido mulher e homossexual, por exemplo, além de poeta de primeira; como ela não fez a escolha política "certa" — 60 anos atrás! — despertou a ira dos canceladores, que exigiram que a FLIP (Festa Literária Internacional de Paraty) deixasse de homenageá-la.

A direção da FLIP se ajoelhou no milho, pagou o pedágio e se submeteu ao tribunal da lacração. E estamos falando da FLIP, que se transformou em um templo do politicamente correto já há vários anos.

É a prova viva do fenômeno que pode ser resumido assim: quem com lacre lacra com lacre será lacrado. Quem aponta o dedo para o outro logo terá dezenas de dedos apontados contra si. Basta ter olhos para ver que isso já está acontecendo, inclusive com membros de minorias.

Parafraseando Andy Warhol, no futuro todos serão perseguidos por 15 minutos.

Um filme romantiza o estupro. Onde estão as feministas?

FEZ SUCESSO NA NETFLIX EM 2020 O LONGA-METRAGEM POLONÊS "365 DIAS", que tem o seguinte enredo: Massimo (o canastrão Michele Morrone), um mafioso, traficante, assassino machista e violento, em suma, um ser humano desprezível em todos os aspectos, sequestra a jovem Laura (a bonitinha e canastrinha Anna-Maria Sieklucka), depois de drogá-la, e a mantém em cárcere privado. E avisa: ela ficará presa por um ano, ou até... se apaixonar por ele.

Massimo promete que nada acontecerá sem o consentimento de Laura (exceção feita ao fato de mantê-la refém à força, ele quer dizer, mas isso é um só um detalhe), mas a trata como um objeto. "Eu não sou um saco de batatas, não sou sua propriedade!", ela chega a protestar, sem muita convicção, diante de uma ordem degradante qualquer. "Por que você é tão desobediente?", ele retruca.

Laura é diariamente humilhada, constrangida, acariciada, assediada e ameaçada. É obrigada não somente a ouvir barbaridades, mas também a assistir: há uma sequência em que ela é amarrada na cama e forçada a ver Massimo ter relações sexuais com outra mulher (para Laura "ver o que está perdendo", ele explica).

E o que acontece? Laura grita "Não é não" até ser resgatada por um comando feminista? Não, ela se apaixona por Massimo!

Não, não se trata de um filme sobre a síndrome de Estocolmo: Laura realmente fica encantada pelo mafioso, com quem passa a viver um intenso e apimentado romance.

A primeira mensagem de "365 dias", baseado em uma série de livros da escritora polonesa Blanka Lipińska, é esta: apesar de, entre outros crimes, Massimo constranger mulheres a fazer sexo (também conhecido como estupro) — incluindo a comissária de bordo de seu jatinho particular —, Massimo no fundo é um cara legal e sensível. Além de ser rico, bonito e sarado, o que parece fazer toda diferença.

Ainda na condição de prisioneira, Laura ganha muitos presentes caros (ela adora fazer compras em lojas de luxo) e é exibida como troféu em várias festas glamurosas — uma delas com direito até a uma cena de ciúme do seu sequestrador/abusador, quando Massimo se revolta com o comprimento do vestido que ela está usando. Oi?

Massimo não admite ser rejeitado nem contrariado. Bem ilustrativa da sua personalidade (e da qualidade dos diálogos do filme) é a cena em que ele aperta o pescoço de Laura e diz, muito romântico: "Vou transar com você com tanta força que vão escutar seus gritos em Varsóvia" (eles estão na Sicília). Que mulher resistiria a um poema de amor como esse, só comparável em sensibilidade, talvez, à "saudade do que ainda não vivemos"?

* * *

Assumidamente um *soft porn*, com uma trilha sonora cafona e todos os clichês do gênero, "365 dias" abusa das sequências de sexo selvagem em belas paisagens. Até aí tudo bem. As cenas de sexo são a parte menos pior do filme, até porque nessas horas o casal de protagonistas não fala nada. A total inexpressividade e incapacidade de representar da dupla é patente, ainda que os papéis não ajudem: suas atuações são baseadas em mordidas no lábio, respiração ofegante e olhares sedutores.

São cenas de um erotismo de comercial de motel, de publicidade de *lingerie* de loja de departamentos, com uma estética cafona e de mau gosto (como tudo no filme). Sequências cheias de caras e bocas são coreografadas como um clipe musical de quinta categoria dos anos 90.

Massimo e Laura transam para a câmera, não um com o outro, reforçando assim estereótipos que associam a qualidade do relacionamento íntimo ao atletismo sexual ("Nós só dormimos uma hora", ele diz orgulhoso, antes de começar mais uma maratona de fornicação). Mesmo quando Laura aparece se masturbando, seus gestos são tão artificiais que é como se ela estivesse posando para a capa de uma revista masculina.

"365 dias" poderia ser apenas um filme no limite da pornografia explícita, horroroso mas inofensivo, um passatempo para o público menos exigente, confinado em casa e louco por distração em tempos de quarentena.

O problema é que, como já ficou claro (espero), o filme romantiza, glamoriza e naturaliza situações violentas e abusivas. Nas linhas e entrelinhas, a narrativa se baseia nas seguintes premissas:

1. "365 dias" sugere que, se um homem for rico, bonito e tiver um peitoral perfeito, ele pode ser machista, mafioso, estuprador, sequestrador e até assassino que está tudo certo;
2. "365 dias" sugere que, com um pouquinho de paciência (e muito dinheiro), toda mulher está à venda, desde que o pagamento seja generoso;

3. "365 dias" sugere que o papel da mulher, em situações de abuso, é submeter-se à vontade do homem, relaxar e gozar — se possível, tirando proveito da situação, materialmente falando (relacionamento saudável é isso); e, o que é mais grave,
4. "365 dias" sugere que sequestrar uma mulher e mantê-la em cárcere privado é aceitável, desde que ela acabe gostando — o que é pouco menos que uma apologia do estupro.

Essa mensagem de "consentimento retrospectivo" é explicitada na cena do jatinho: a comissária de bordo chora ao ser constrangida a fazer sexo oral em Massimo, mas no fim esboça um sorriso, dando a entender que gostou de ser abusada.

Ou seja, *o filme vende a ideia de que o sonho secreto de toda mulher é se submeter à vontade de um machoalfa abusador.*

* * *

Perto de "365 dias", a franquia "50 tons de cinza" parece um tratado em defesa da dignidade das mulheres, mas as feministas estão mudas. Onde está o "Não é não!"?

Perguntas:

- Em uma época na qual uma cantada ou um elogio são frequentemente equiparados a um estupro, a ponto de homens já terem medo de entrar num elevador sozinhos com uma desconhecida, onde estão as feministas que ainda não pediram o cancelamento do filme?
- Em uma época na qual até a beleza ofende — a ponto de as transmissões dos jogos da última Copa do Mundo terem

evitado destacar mulheres bonitas na arquibancada —, onde está a turma da lacração?
- Em uma época na qual um clássico do cinema como "...E o vento levou" é CENSURADO, onde está a galera do "ódio do bem" sempre pronta a cancelar obras de arte e vandalizar monumentos?

Atenção! Eu, pessoalmente, não defendo a ideia de que o longa-metragem "365 dias" seja "cancelado" ou retirado do catálogo da Netflix. Ainda que seja um filme podre e doentio, vê quem quer. Só estou manifestando minha estranheza diante do silêncio de uma turma cada vez mais empenhada em perseguir artistas e censurar obras que não rezem pela cartilha do politicamente correto.

É importante ressaltar que, mesmo deixando de lado todas as questões expostas acima, "365 dias" é um filme sofrível, cheio de furos no roteiro, problemas de continuidade, diálogos primários, personagens sem nenhuma profundidade psicológica etc. Mas, no fim das contas, nada disso faz muita diferença diante das mensagens que o filme passa.

Mais uma cena fantástica: em uma festa de casamento, a noiva joga o buquê, e adivinhem nas mãos de quem vai parar? Sim, Massimo e Laura vão se casar — mas ela vai ter que pedir autorização para convidar os pais e a sua melhor amiga para a cerimônia.

Normal, né? Empoderamento feminino é assim, a mulher tem que pedir autorização para o machoalfa, para poder convidar os pais para a cerimônia de casamento.

E, sim, Laura chora quando experimenta o vestido de noiva, porque seu sonho secreto, vejam só, era se casar de branco, como uma virgem que encontrou seu grande amor. E não vou nem dar *spoiler* falando no golpe da barriga (Ops! Falei).

Por fim, outra mensagem bizarra, perigosamente vendida para o público feminino jovem, é esta: "365 dias" sugere que basta a uma mulher ser bonita para ter o melhor de vários mundos: *vida loca* e casamento de branco, aventuras desvairadas e família certinha, sexo pago e romance, álcool e drogas a rodo e realização pessoal, discurso feminista para lacrar nas redes sociais e um machoalfa para bancar seus luxos e a quem obedecer e se submeter na intimidade.

Evidentemente a vida não é assim, mas parece que hoje em dia muita gente acredita que é — ou, pelo menos, acha isso normal.

As reações foram muito tímidas, tanto que o filme terá uma sequência, que já está em produção. Sinal de que a misoginia e a masculinidade tóxica de Massimo não incomodaram? Ou se trata de mais um caso de moralidade seletiva?

As feministas vão continuar caladas?

Os super-heróis do nosso tempo

CRIADA EM 1939, A MARVEL COMICS SE TORNOU A MAIOR EDITORA DE HISTÓRIAS em quadrinhos do planeta graças a personagens como o Homem-Aranha, o Capitão América, o Homem de Ferro, Hulk e Thor, entre dezenas de outros. Em alguma medida, mesmo que somente em uma fase da vida (e mesmo que, depois de adultos, a maioria de nós não os leve mais a sério), os super-heróis da Marvel povoam o imaginário de várias gerações.

Um filão explorado com sucesso pela empresa foi o dos heróis que atuam em equipe, como o Quarteto Fantástico, criado em 1961 pelo mítico Stan Lee, e, mais recentemente, os New Warriors, lançados originalmente em 1989.

Em seu primeiro formato, os New Warriors eram um time de super-heróis em versão adolescente que faziam o que se espera dos super-heróis: lutar contra o crime e enfrentar vilões sem piedade — até empregando a força (oh!), quando necessário.

Além disso, como em muitas narrativas mitológicas, o desejo de vingança estava na origem da criação do grupo: seu líder Dwayne Taylor (*aka* Radical) entrou na carreira de super-herói porque queria vingar a morte de seus pais.

(Existem diversas teorias que explicam a função simbólica do herói e da representação da violência e da vingança nessas narrativas de histórias em quadrinhos voltadas prioritariamente para o público jovem, função que vai além do entretenimento e estabelece, para o leitor, pontes para o mundo adulto.

O tema é abordado em livros como "Brincando de matar monstros", de Gerard Jones, que explica a pais e educadores a importância pedagógica das histórias de heróis no desenvolvimento do imaginário infantojuvenil, das fábulas de antanho às histórias em quadrinhos e aos videogames.)

Voltando aos New Warriors: além de Dwayne, faziam parte da formação original do time Marvel Boy (que mais tarde se tornaria o "Justiça"), Flama (a futura "Firestar" Angelica Jones), e Namorita, prima do príncipe Namor, entre outros personagens. Esses heróis adolescentes não foram exatamente as criações mais inspiradas da Marvel, mas cumpriam o seu papel com dignidade — e sem mimimi.

Pois bem, em março de 2020 a Marvel lançou sua nova versão dos New Warriors. Trata-se, basicamente, da rendição total da empresa à ditadura da lacração que se espalha pelo planeta.

Prepare-se então, leitor, para conhecer os novos New Warriors:

"Safespace" e "Snowflake" são dois irmãos gêmeos psíquicos transgênero não-binários (os primeiros super-heróis não-binários da história da Marvel). Eles empregam uma linguagem neutra, com pronomes não-binários, para não ofender ninguém.

Seus nomes merecem uma explicação: Snowflake vem da expressão "floquinho de neve", usada pejorativamente para descrever jovens progressistas que se ofendem com qualquer coisa e que se acham únicos e especiais. Já Safespace vem de "espaço seguro" (aqueles lugares onde ninguém julga ninguém, onde todos são livres para ser o que são — exceto se forem homens brancos heterossexuais e conservadores, é claro, também conhecidos como "machos escrotos"). O poder de Safespace é materializar campos de força cor-de-rosa.

A proposta dos criadores dos personagens, Luciano Vecchio e Daniel Kibblesmith, é fazer a geraçãomimimi se sentir empoderada, ao "ressignificar esses termos como algo legal e poderoso, em vez de remeterem a algo negativo":

"Safespace e Snowflake são hiperconscientes da cultura e da óptica modernas", afirmam. "Eles provocam com uma meditação pós-irônica sobre o uso da violência para combater o *bullying*. Eles não veem esses termos como depreciativos. Eles tomam essas palavras e as usam como distintivos de honra."

"B-Negative" é um vampiro adolescente gay gótico, que foi submetido quando criança ao uma transfusão de sangue controversa que salvou sua vida. Seu poder é chupar sangue através das mãos (?). Seu nome é um trocadilho que combina o tipo sanguíneo B-negativo com a expressão "Seja negativo" ("Be negative"), uma referência irônica à negatividade dos *haters* das redes sociais.

"Trailblazer" é uma adolescente obesa que carrega uma mochila mágica nas costas: seu poder é tirar coisas aleatórias da mochila. O sobrepeso de Trailblazer é claramente uma mensagem de empoderamento direcionada às adolescentes gordas: continuem se empanturrando de gulodices, não se preocupem com os problemas de saúde associados à obesidade que virão mais tarde, muito menos com a escassez de pretendentes a namorados, porque o que importa é lacrar. Trailblazer afirma obter seu poder de Deus, mas "não é o deus em que você está pensando". Deve ser o deus da lacração.

Por fim, "Screentime", cujo nome faz referência ao tempo que os adolescentes passam diante da tela do computador ou do celular, foi exposto pelo avô a um gás experimental da internet (?), que conectou permanentemente seu cérebro à lacrosfera.

Para surpresa da própria Marvel, a versão lacradora dos New Warriors foi mal recebida até pelos grupos demográficos que a empresa julgou representar com esses personagens. As críticas foram dirigidas tanto ao tom complacente com que as minorias são tratadas na HQ quanto ao fato de a dupla de criadores não ter "lugar de fala" para inventar personagens verdadeiramente representativos, caindo em estereótipos e concepções equivocadas sobre a diversidade.

Safespace e Snowflake, por exemplo, foram considerados ofensivos por ativistas LGBTQ+ e leitores não-binários — e houve também quem se incomodasse com a possível sugestão de um incesto, pela maneira como eles se olham.

Como se sabe, somente gêmeos psíquicos não-binários transgênero estão autorizados a escrever sobre personagens gêmeos psíquicos não-binários transgênero. Da mesma forma, somente adolescentes mulheres (Ops! Parece que a regra agora é falar "pessoas que menstruam") com sobrepeso e uma mochila mágica podem criar histórias sobre adolescentes com sobrepeso e uma mochila mágica.

Além disso, no caso da gorducha Trailblazer, causou desconforto o fato de não ficar claro se ela é "nativa americana" (índia, no popular), latina ou afrodescendente — e em cada caso a personagem estará sujeita a críticas diferentes dos grupos identitários (porque, no fim das contas, o que importa mesmo é problematizar e reclamar).

É o problema da lacração identitária: supostamente movidos pelo desejo de inclusão e pela luta legítima por igualdade de direitos, ela vem promovendo, ao contrário, as formas mais autoritárias e sectárias de exclusão, com todos os grupos se sentindo no direito de apontar o dedo para os outros. Busca-se não a igualdade de direitos e o apagamento das diferenças, mas *a afirmação da diferença como meio de obter um tratamento desigual e privilegiado*.

A motivação não é ter direitos iguais, mas ter mais direitos que os demais, com a justificativa da reparação por sofrimentos passados; não é acabar com a opressão, mas trocar de lugar com o opressor; não é criar uma sociedade na qual todos vivam em harmonia, mas uma sociedade em guerra permanente, na qual o "ódio do bem" e o cancelamento dos diferentes (inclusive de qualquer forma diferente de arte e pensamento) se tornaram uma razão de viver.

A conclusão aqui é: os jovens lacradores nunca ficarão satisfeitos, porque sentiram o gostinho de ser ditadores e estão adorando; eles continuarão cancelando e apontando o dedo para tudo e para todos, inclusive para antigos aliados. Pelo menos até que precisem começar a trabalhar e pagar boletos, tudo leva a crer que não sossegarão enquanto não calarem, na base da intimidação e do constrangimento, todos que ousarem discordar deles.

A má notícia é que esses jovens estão sendo enganados: em breve eles descobrirão de forma dolorosa que, no mundo real, não existe espaço seguro; que, fora dos cercadinhos ideológicos em que foram ensinados a viver, as exigências da vida adulta impõem pressões e desafios constantes, indiferentes à sua sensibilidade de flocos de neve. Mas, quando perceberem que não foram preparados para viver como adultos, mas somente para lacrar como adolescentes mimados, será tarde.

Será que ninguém percebe que isso é uma armadilha e uma bomba-relógio? Qual será o resultado desse experimento social ao qual a mídia e outros grupos de interesse vêm aderindo com tanto entusiasmo? Veremos em breve.

Crise da classe média ameaça narrativa da elite de esquerda

JÁ HÁ MAIS DE 20 ANOS, O GEÓGRAFO FRANCÊS CHRISTOPHE GUILLUY VEM fazendo análises originais e provocadoras sobre as transformações em curso na sociedade francesa, particularmente no que chama de "França periférica" e na sua relação com as elites. O livro "O fim da classe média" (no original, "No society") coroa e radicaliza sua reflexão sobre o tema em um momento mais que oportuno.

O objeto da investigação de Guilluy não é exatamente o processo (real) de achatamento das classes médias em curso na França e em outros países, com o chamado efeito "ampulheta": um estreitamento do meio da pirâmide social e o decorrente inchaço da base. Seu livro trata de um fenômeno mais complexo: as implicações políticas e simbólicas do abismo crescente que se verifica entre as chamadas elites e o restante da população. Isso porque a existência de uma classe média saudável é fundamental para a saúde da sociedade e mesmo da economia, uma vez que é essa classe média que sustenta, por meio do consumo e dos impostos, os investimentos em geração de empregos, saúde, educação e outros serviços.

Mas, além de ser o evidente motor do crescimento econômico, Guilluy destaca outro papel, tão ou mais importante, da classe média: *ser portadora e reprodutora daqueles valores e costumes compartilhados que dão forma e identidade a uma sociedade.*

Privados desse papel de cimento e pilar da estabilidade social, cada vez mais endividados e desmoralizados, os integrantes da antiga classe média se tornam atores importantes de uma crise que se manifesta de diferentes maneiras: no déficit de representação política, na atomização e etnização dos movimentos sociais, na gentrificação das metrópoles etc.

Esse fenômeno também acontece no Brasil. Já há algumas décadas vivemos um processo de fragmentação dos valores morais coletivos que davam coesão à sociedade: não existe mais aquele repertório comum de princípios e costumes ao qual recorrer em situações de conflito, pois cada grupo só respeita o seu próprio repertório de valores particulares, rejeitando toda e qualquer tradição ou diferença.

Os próprios conceitos de certo e errado se tornaram menos claros e mais dependentes do contexto, o que me parece sintoma de uma doença social gravíssima. Associada a uma agenda política baseada na destruição e na sabotagem, essa relativização moral vem contribuindo há décadas para um esgarçamento lento mas constante do tecido social. Em um prazo relativamente curto — duas ou três gerações — a sociedade está se vendo privada dos alicerces simbólicos que a mantinham de pé.

Antonio Gramsci escreveu que uma crise acontece, precisamente, quando o velho já está morrendo, mas o novo ainda não nasceu. É, talvez, o momento que estamos vivendo hoje. Mas se o ataque a instituições do passado — família, casamento, religião — parece assustadoramente bem-sucedido, ainda mais assustador é o futuro que se anuncia. Ou melhor, a incerteza em relação a esse futuro.

É como se a sociedade estivesse à deriva, à espera de algo desconhecido — ou como se fosse um relógio antigo que foi desmontado de forma desordenada, e agora as peças estão espalhadas na mesa: ninguém sabe como juntá-las de forma a fazer o sistema funcionar novamente, se é que vai voltar a funcionar. Porque, justamente, sem crenças nem valores compartilhados, nenhuma sociedade tem condições de sobreviver. Nada de bom poderá nascer desse processo.

* * *

Ainda que seu livro aborde questões especificamente europeias (ou, mais especificamente ainda, francesas), como o impacto dos fluxos migratórios no cenário político da França, Christophe Guilluy apresenta outras ideias e argumentos que podem ser perfeitamente aplicados ao exame da sociedade brasileira.

Por exemplo, de forma contraintuitiva ele sugere que as crescentes tensões e paranoias identitárias que vêm sendo fomentadas nos últimos anos pelo campo progressista, longe de representar um empoderamento das minorias, contribuem para reforçar a sua segregação, ao mesmo tempo que preservam os privilégios do "mundo de cima".

O que mais tem hoje em dia é gente privilegiada, que ostenta uma vida de luxo nas redes sociais, frequenta festas em Noronha e passa o verão em Bali ou nas ilhas gregas, mas posa de socialista e defensora de minorias com as quais nem sequer convive (é o fenômeno dos "ricos de esquerda", que analisarei em outro capítulo). Compram, assim, o salvo-conduto para serem ricos sem culpa, além da garantia de que ninguém vai perturbá-los.

A virtude nunca custou tão barato: basta postar slogans lacradores e aderir à manada do ódio do bem para receber o atestado de ser alguém legal — não importa o que você faça no mundo real. Pode ser mau-caráter, pode ignorar o porteiro, pode jogar lixo no chão; se lacrar nas redes sociais está tudo certo. Se odiar Bolsonaro e chamar seus eleitores de fascistas, então, ainda ganha um desconto.

É evidente que essa elite *soi-disanti* de esquerda não pretende abrir mão de seus privilégios e de seu caríssimo estilo de vida. O que ela quer é o melhor dos dois mundos: somar ao capital econômico e às vantagens de sempre o capital social e o benefício simbólico de se associar aos virtuosos defensores da justiça social e da democracia de um lado só.

É por isso que, de repente, o inimigo a combater deixou de ser o banqueiro, o grande empresário, o explorador capitalista; o inimigo passou a ser o trabalhador assalariado de classe média que faz uma piada considerada misógina, racista ou homofóbica.

Todo o ódio de classe outrora voltado aos detentores dos meios de produção, que extraíam a mais-valia da exploração daqueles que vendiam sua força de trabalho, agora recai em pessoas comuns, subitamente privadas do direito elementar da liberdade de expressão pelas milícias do politicamente correto — que fazem do gesto de apontar o dedo para os outros sua razão de viver.

Seria o caso de se perguntar: a que projeto político, econômico e social essas milícias estão efetivamente servindo? Ou alguém acredita no idealismo e na bondade das intenções dos ricos de esquerda? Por que a Open Society, fundação de George Soros, financia mundo afora ONGs, "coletivos" e movimentos que defendem precisamente aquelas agendas que hoje dão identidade à nova esquerda, como o feminismo, a ideologia de gênero, o racialismo, a defesa do aborto, a legalização das drogas, a imigração descontrolada, o desarmamentismo etc?

Por que George Soros, bilionário capitalista e megaespeculador do mercado financeiro, um homem que tem o poder de derrubar governos manipulando moedas, gasta milhões financiando essa nova esquerda, que está mais preocupada com pautas ditas progressistas e questões de linguagem e comportamento do que com as relações econômicas e de trabalho que, segundo a esquerda ortodoxa, determinam e dão forma à vida em sociedade, reproduzindo padrões de exploração?

A verdade é que, na prática, a recente ênfase da esquerda na política identitária, com a redução equivocada dos problemas sociais a questões de raça ou gênero, representa apenas mais uma ferramenta de manutenção da estrutura social, não de sua contestação.

É por isso que, por contraintuitivo que pareça, o poder econômico está cada vez mais distante da direita (cujos valores conservadores vão muitas vezes de encontro aos interesses do capital) e cada vez mais próximo da esquerda — ou, ao menos, dessa nova esquerda com figurino progressista, que posa de coitadinha e de vítima dos malvadões do capitalismo, quando na verdade é generosamente financiada por eles.

Ou seja, o foco deixou de ser a luta de classes: a esquerda se entende muito bem com as elites econômicas já há bastante tempo, como demonstrou o caso de amor entre o lulopetismo e os grandes bancos, empreiteiras e conglomerados como a Odebrecht e a JBS, empresas guerreiras do povo brasileiro que ajudaram governos recentes a roubar honestamente.

Nesse cenário, mesmo quando adotam um discurso de esquerda, as elites econômicas continuam protegidas em suas bolhas e se sentem cada vez menos ameaçadas por reivindicações de uma classe organizada, já que os trabalhadores foram divididos em guetos, em uma miríade de movimentos de nicho, em guerra permanente uns contra os outros: raças contra raças, gêneros contra gêneros, veganos contra carnívoros etc. Não há mais uma identidade homogênea que represente um conjunto de valores comuns, compartilhados e reconhecidos por todos.

Classes sociais deixaram de ocupar o protagonismo na luta revolucionária: os ricos se tornaram aliados das causas identitárias, e os inimigos da esquerda cirandeira agora são os "pobres de direita" e aquelas pessoas da classe média que não se submetem ao pensamento hegemônico. E não se submetem, justamente, porque essas classes se desiludiram com a narrativa falsamente progressista vendida pelo mundo acadêmico, pela mídia, pelos intelectuais e pelos artistas, em suma, pela galera praticante do "ódio do bem", que diz pregar a tolerância, mas sempre dá porrada.

* * *

Para perplexidade das elites intelectuais que pretendem falar em seu nome, foram os mais pobres que elegeram Donald Trump nos Estados Unidos em 2016 e Jair Bolsonaro no Brasil em 2018, além de terem aprovado o Brexit no Reino Unido. Esses eleitores não são pessoas burras nem estúpidas: eles simplesmente se cansaram de ser enganados.

Inesperadamente, à medida que aumentou em volume, engrossada por aqueles que perderam seus empregos e viram seu poder de compra diminuir, a hostilidade dessa classe média empobrecida se voltou contra a esquerda limpinha, que, fechada em suas cidadelas (geográficas e mentais), mantém privilégios e o bem conhecido tom de superioridade moral, sem perceber que sua narrativa não convence mais. Para pessoas que acordam cedo para trabalhar ou estudar, o debate sobre pronomes neutros, por exemplo, é apenas ridículo.

Esse fenômeno da revolta da classe média ajuda a entender a impressionante base social que apoia incondicionalmente Jair Bolsonaro, por mais que a mídia tente sabotar e jogar contra. A cada nova pesquisa de opinião se confirma a impressão de que pelo menos um terço da população continuará apoiando o presidente, aconteça o que acontecer, faça ele o que fizer, diga ele o que disser (e olha que ele diz e faz muita bobagem).

Essa base de apoio — aliás, semelhante em tamanho àquela que sustentava o lulopetismo — simplesmente não acredita mais na grande mídia nem nos partidos tradicionais, preferindo apoiar quem fala sua língua, quem age de forma espontânea e quem comparece junto ao cidadão comum de forma objetiva para ajudá-lo a resolver os problemas do dia a dia — e não apenas durante a campanha eleitoral.

As classes populares estão, cada vez mais, votando em quem defende de forma clara ideias e valores semelhantes aos seus, em relação à família, ao comportamento, aos costumes, à religião etc. Podem chamar esses políticos de populistas, o povo não está nem aí.

Da mesma forma, o povo não estava nem aí quando o populismo vinha da esquerda, diga-se de passagem; Lula foi o presidente mais populista da história recente do país, mas nenhum jornalista ou intelectual jamais demonstrou indignação com isso. Aparentemente, da mesma forma que existe o ódio do bem, também existe o populismo do bem.

(Daí, também, a força política crescente dos evangélicos; muitas vezes, quando um morador de periferia precisa de ajuda, é um pastor que aparece para socorrê-lo, não os políticos de esquerda que moram nos bairros ricos. A omissão do Estado nas comunidades também explica em parte o êxito de candidaturas associadas ao tráfico ou à milícia, que muitas vezes são a encarnação de fato do poder naqueles lugares.)

Com a pandemia — e o auxílio emergencial que revelou a existência de dezenas de milhões de brasileiros "invisíveis", que foram solenemente ignorados pelos governos do PT e não eram assistidos nem pelo Bolsa Família — a popularidade do presidente aumentou ainda mais, para desespero daqueles que passaram meses chamando Bolsonaro de genocida e tentando jogar no seu colo a responsabilidade pelas mortes por Covid-19.

Inconformados, tentaram vender a narrativa de que o presidente foi contra o auxílio emergencial. Não colou.

* * *

É nesse contexto que surge o movimento de ressentimento dessas elites progressistas — no caso francês, da "burguesia *cool*", como escreve Guilluy — em relação ao cidadão comum, que vive, estuda, trabalha e tem boletos para pagar no país real, fora do cercadinho ideológico da esquerda lacradora.

Esse fenômeno foi ilustrado à perfeição pela forma pouco lisonjeira como Hillary Clinton se referiu aos eleitores de Donald Trump durante a campanha eleitoral de 2016: "São pessoas deploráveis". Alguém tem dúvida de que é exatamente essa a opinião da imensa maioria dos intelectuais e artistas brasileiros sobre os 58 milhões de eleitores de Bolsonaro? Seguramente, para esses intelectuais e artistas, que se julgam detentores do monopólio da virtude, do pensamento e da fala, mais da metade da população do país é composta por seres "deploráveis".

Daí o que chamarei adiante de "negacionismo de esquerda", que se manifesta na histeria e na recusa dessas elites a aceitar o resultado da eleição de 2018, bem como na tentativa de desqualificar o presidente e seus eleitores o tempo inteiro.

É assim que funciona com Trump, com o Brexit e com Bolsonaro, que, a julgar pelo que se publica nas redes sociais, foi eleito por uma conspiração de velhinhas conservadoras na internet: em nome da tolerância e da democracia, adota-se a prática do "ódio do bem" contra a maioria que ousou discordar, votar com a própria cabeça e desobedecer à interdição de qualquer pensamento divergente.

Ao repetir à exaustão que o presidente democraticamente eleito representa uma ameaça à democracia, *a esquerda deslegitima a vontade popular*. E faz isso porque sua preocupação com a suposta crise da democracia é mais falsa que uma nota de três.

Crise da democracia, para a esquerda, é quando a população não elege o candidato ou o partido que ela quer. "Democracia", como "justiça social" e "tolerância" são apenas slogans a ser usados na incessante guerra de narrativas que tomou conta do país; quando, na realidade, é sempre da esquerda que partem as verdadeiras ameaças à democracia e à liberdade.

Ora, não pode haver justiça social sem uma economia saudável: não por acaso, os países mais livres e com menos entraves ao desenvolvimento são também os mais prósperos, com maior mobilidade social e com menores índices de pobreza e miséria.

É claro que esses países podem apresentar um elevado grau de desigualdade, mas aqui se apresenta uma questão crucial. O que é preferível:

a. Uma sociedade em que os mais pobres tenham condições de vida satisfatórias, mas onde haja uma grande diferença de renda entre ricos e pobres ou
b. Uma sociedade onde não haja praticamente desigualdade de renda, porque mesmo aqueles que não são miseráveis vivem precariamente?

Mesmo quando bem-intencionadas (nunca subestime a quantidade de inocentes úteis cuja motivação original é boa), para as pessoas que se declaram de esquerda a segunda opção parece mais aceitável: elas preferem destruir as condições que tornam possível a geração de riqueza e melhoram a vida de todos (ainda que de forma desigual) a aceitar o fato de que existam pessoas bem-sucedidas e pessoas que fracassam, e que a desigualdade entre ricos e pobres pode ser enorme; preferem a Venezuela, onde todos vivem precariamente (quando não passam fome), a uma sociedade onde todos se alimentem decentemente, ao preço da existência de um abismo entre ricos e pobres.

Resumindo: para a esquerda, de forma geral, a *aversão à desigualdade* é maior que a vontade de garantir que os mais pobres tenham uma vida digna. O que é outra maneira de dizer que *a aversão à desigualdade, para a esquerda, é maior que a aversão à miséria.*

(Isso, aliás, não se aplica apenas à questão econômica; até a língua portuguesa vem sendo vítima dessa lógica, uma vez que, como fica cada vez mais claro, o campo progressista se esforça para destruir a norma culta da língua: para eliminar a desigualdade entre quem domina o idioma e quem mal consegue se comunicar, a solução não é dar acesso à educação básica e universal de qualidade, mas mudar as regras do idioma, nivelando todos por baixo. Voltarei ao tema.)

Já para a direita, a desigualdade em si não é o problema, desde que a economia funcione e gere riqueza e oportunidades suficientes para garantir a todos *acesso* a uma vida digna, mesmo na pobreza. Ela entende a desigualdade como um mal necessário para que o piso da qualidade de vida dos mais pobres seja aceitável: garantidas as condições mínimas para que qualquer um que se esforce viva com dignidade, a partir desse piso, a desigualdade será determinada pelas regras do mercado e por um complexo conjunto de outros fatores que determinam as interações sociais.

(Grifei a palavra "acesso" porque cabe aqui uma digressão. O Estado jamais terá condições de garantir que todos tenham uma vida digna: o máximo que pode aspirar fazer é *eliminar os obstáculos* para que todos tenham *acesso* a ela: evidentemente, também depende das escolhas e do esforço de cada indivíduo alcançar essa existência digna e minimamente confortável. É o custo do livre-arbítrio.

Mas o campo progressista faz de conta que todos têm direito à felicidade, o que é apenas uma fantasia. O que o Estado e a lei podem garantir é o *direito aos meios à busca da felicidade*: uma sociedade em que todos tenham condições de receber educação e encontrar trabalho com uma remuneração digna, que permita a cada um melhorar de vida na medida do seu esforço. Vender a ideia de que todos têm o direito à felicidade é tão absurdo quanto afirmar que todos têm o direito a uma casa na praia, ou a ter o parceiro amoroso dos sonhos: seria ótimo se isso fosse possível, é claro. Mas, por óbvio, não é assim que a vida funciona.)

Essa relação com a desigualdade explica em parte por que a esquerda continua apostando no "quanto pior, melhor". Para ela, é melhor ver o país destruído do que ver o país dar certo com outro campo político no poder — mesmo que essa destruição prejudique principalmente, como sempre, os mais pobres.

Outro aspecto fundamental desse processo é que o discurso politicamente correto não beneficia nem protege concretamente as minorias, ao contrário: ao vitimizá-las, reforça a sua segregação, porque trata os integrantes dessas minorias não como iguais perante a lei, mas como cidadãos de segunda classe, que precisam de um tratamento especial do Estado, como se fossem incapazes.

E isso não acontece apenas no Brasil. Esse fenômeno também se manifesta no debate sobre questão da imigração, na França e outros países europeus: os imigrantes não são tratados como iguais em direitos e deveres, mas como um grupo que merece um tratamento diferenciado.

O problema é que a realidade vem demonstrando que abrir as portas de um país indiscriminadamente para imigrantes sem nenhuma qualificação, sem disposição para assimilar a cultura do povo que o acolhe e com valores e costumes radicalmente diferentes dos cidadãos locais pode representar uma ameaça à própria identidade nacional.

Mas isso, é claro, não afeta os mais afluentes, a elite de consciência limpinha, já que esses imigrantes não vão morar perto deles, mas nas periferias das grandes cidades — onde aliás já faltam empregos e serviços públicos.

Somente a classe alta pode se dar ao luxo de apoiar hipocritamente a ideia de uma "sociedade aberta" (não por coincidência, "Open Society" é o nome da fundação do bilionário de esquerda George Soros), porque ela vive na segurança de suas cidadelas protegidas por segurança particular, não nas vizinhanças onde se concentra a imigração. É nos subúrbios e nas periferias das cidades que a classe média precarizada e os pobres desempregados sofrerão diretamente as consequências desse processo, de forma violenta inclusive.

Basta citar aqui a multiplicação, em 2020, de atentados cometidos por radicais islâmicos na França, cujos alvos eram pessoas comuns, e nos quais vítimas chegaram a ser degoladas: em um deles, uma brasileira negra e de origem humilde foi assassinada por radicais islâmicos. Se o assassino fosse um policial, certamente haveria uma onda de indignação e quebra-quebra, mas contra radicais islâmicos o campo progressista não faz protesto.

* * *

São fenômenos como o descrito acima, segundo o autor de "O fim da classe média", que empurram as classes populares para a direita, embora seja sempre a esquerda que afirme falar em seu nome. A consequência é uma sociedade fraturada, na qual a esquerda, a mídia e a academia se distanciam cada vez mais do mundo real dos cidadãos que acordam cedo para trabalhar e têm boletos para pagar.

Nesse sentido, apesar de ser ele próprio um pensador mais à esquerda, mais preocupado com as desigualdades sociais que com as liberdades individuais, Guilluy adota um discurso que apresenta várias interseções com a narrativa da direita conservadora — como a defesa de uma necessária regulação da imigração.

Sintomaticamente, usando expressões como "antifascismo de araque", seu livro foi elogiado por jornais de direita, como "Le Figaro" e atacado por publicações de esquerda, como o "Libération".

Mais conservadoras e mais espertas do que supõem os intelectuais e artistas (escrever "intelectuais e artistas *de esquerda*" já virou quase um pleonasmo), essas classes populares perceberam o abismo entre o discurso e a prática daqueles que afirmam falar em seu nome, mas perderam qualquer contato real com os dramas, problemas e valores do povo.

As classes populares não engolem mais a imposição de uma agenda alheia aos seus interesses por parte de uma elite que as considera "pessoas deploráveis", que se vende como igualitária mas produz, na prática, segregações em série, pois joga pobres contra pobres, raças contra raças, gêneros contra gêneros.

As classes populares não estão interessadas em debater pronomes neutros, porque têm mais que fazer.

O povo já entendeu, em um sentido muito profundo, que o discurso paternalista, condescendente e politicamente correto não beneficia nem protege as minorias e as classes mais humildes, ao contrário: ao vitimizá-las, esse discurso as mantém à margem do sistema produtivo e do modelo social, reforçando a sua segregação.

Nesse contexto, a redução da questão social a relações de raça ou gênero vem se dando em detrimento daquilo que verdadeiramente importa: a discussão sobre emprego e renda e as estratégias para integrar os mais vulneráveis a um sistema que lhes proporcione educação, dignidade e trabalho.

É preciso que volte a valer no Brasil o preceito constitucional "Todos são iguais perante a lei". E a premissa de todos os discursos identitários é a negação desse preceito, ou seja, a defesa de que determinados grupos têm direito a um tratamento especial, com base em dívidas históricas e a exigência de políticas compensatórias, que tornam determinados indivíduos diferentes de outros, garantindo-se a eles direitos diferenciados. É o melhor caminho para transformar o país na fazenda de "A revolução dos bichos", de George Orwell, onde todos são iguais, mas alguns são mais iguais que outros...

O problema é que todo direito diferenciado é, no fundo, um privilégio, e, se voltarmos ao passado histórico em busca de motivos, no final das contas todo e qualquer grupo terá direito a um tratamento particular. Isso porque, desde a Pré-História, a dura realidade é que a vida no planeta nunca foi justa: o lobo sempre foi o lobo do homem, durante séculos nas guerras os perdedores eram escravizados, quando não torturados e massacrados.

A escravidão foi apenas um dos horrores inconcebíveis da aventura do homem na Terra, uma marca triste da história, mas outros horrores também foram inconcebíveis. Seria preciso, na lógica da compensação e da reparação histórica, devolver aos herdeiros dos índios perseguidos e massacrados todas as terras que foram roubadas de seus ancestrais — ou seja, basicamente todo o território brasileiro. Algum jovem lacrador está disposto a entregar sua casa para os herdeiros dos índios que foram massacrados cinco séculos atrás? Fato: nenhum jovem lacrador abriria mão sequer de seu iPhone ou de suas roupas de marca...

Só muito recentemente — e graças, justamente, ao respeito crescente à lei e às instituições, à consolidação da democracia, à proteção às liberdades e à noção de que todos os homens nascem iguais — foi possível aos seres humanos conviver em alguma harmonia. Isso só foi possível graças, também, ao desenvolvimento econômico proporcionado pelo capitalismo, que aumentou exponencialmente a riqueza e os recursos a ser compartilhados.

Outro problema é tentar resolver a questão da desigualdade — em todas as suas variáveis — não atacando as suas causas e lutando, por exemplo, por oportunidades iguais *no ponto de partida*, a começar por uma educação pública e universal de qualidade desde o ensino primário; mas decretando uma igualdade ilusória e condenada ao fracasso *no ponto de chegada*, com todo tipo de cotas e a farta distribuição de diplomas de nível superior.

A má notícia é que um diploma, hoje, vale cada vez menos: o que mais tem é desempregado com diploma. Ora, é perfeitamente possível garantir na marra o acesso de 100% da população ao curso superior, bastando para isso a criação de uma universidade em cada esquina, com aprovação automática e cotas para todas as minorias. Mas, como a qualidade do ensino nessas instituições será sofrível, o resultado vai ser uma população de diplomados sem a menor condição de serem absorvidos por um mercado de trabalho cada vez mais competitivo.

Isso já está acontecendo: universidades de araque despejam todos os anos no mercado um exército de analfabetos funcionais, graduados em lacração mas sem nenhuma qualificação útil para enfrentar os duros desafios impostos pelo mundo real.

Não se criam empregos, profissionais competentes e carreiras bem-sucedidas por decreto: se fosse assim seria fácil. As novas gerações, submetidas em sala de aula a uma verdadeira lavagem cerebral, do jardim de infância à universidade, não têm culpa: elas são vítimas de um experimento social cujas consequências só aparecerão lá na frente. Só então elas perceberão que foram usadas e enganadas por um campo político interessado unicamente em tomar o (e se perpetuar no) poder. Se é que perceberão um dia.

* * *

O tema também foi abordado no livro "Nacional-populismo — A revolta contra a democracia liberal", no qual os cientistas políticos Roger Eatwell e Matthew Goodwin fazem um diagnóstico original da guinada à direita que se observou no planeta na última década.

Os autores dão atenção particular a dois episódios representativos desse processo: a eleição de Donald Trump e a vitória do Brexit. Apesar do viés progressista de algumas análises, seus argumentos desafiam as interpretações convencionais e evitam jogar para a arquibancada. Talvez por isso mesmo, o livro vem gerando bastante controvérsia (ao menos nos países onde livros ainda são lidos e suscitam debates relevantes).

Eatwell e Goodwin são claramente críticos do nacional-populismo, ideologia na qual enxergam potenciais riscos ao futuro da democracia, mas dá para dizer que, no exame dos países europeus que eles conhecem bem (e, em menor medida, na análise do caso americano), mais acertam do que erram.

Sua argumentação é honesta e bem fundamentada, em um esforço sincero de interpretação baseado em dados estatísticos, e não apenas no "achismo": "Contrariamente à alegação de que se trata de uma nova forma de Fascismo, o nacional-populismo luta por uma nova forma de democracia, na qual os interesses e as vozes das pessoas comuns sejam mais proeminentes", escrevem.

Os autores evitam assim os clichês e caricaturas dos políticos e eleitores conservadores tão frequentes na mídia brasileira. Em vez de demonizar (e rotular como fascistas, neonazistas etc.) quem votou em candidatos de direita, os autores procuram entender as motivações desse eleitorado, que reconhecem como legítimas — coisa da qual a esquerda brasileira vem se mostrando incapaz. Eles criticam, também, a estratégia de desqualificação que só serve para entrincheirar e polarizar cada vez mais a sociedade.

"Não vemos líderes como Trump, Bolsonaro, [Marine] Le Pen ou [o holandês Geert] Wilders como fascistas", escrevem. "Defendemos a tese de que eles são nacional-populistas (...) O nacional-populismo é uma ideologia que prioriza a cultura e os interesses da nação e promete dar voz a pessoas que sentem que foram negligenciadas e mesmo desdenhadas por elites distantes e corruptas."

E concluem: "Longe de ser antidemocrático, o populismo é uma resposta às contradições no interior da democracia liberal, cada vez mais baseada em elites (...) cujos valores são fundamentalmente diferentes daqueles da sociedade que eles governam. (...) Desdenhar dos apoiadores nacional-populistas como se fossem todos ignorantes preconceituosos é um grande erro".

Para desespero dos leitores de esquerda, os autores afirmam que não se trata do último suspiro de uma geração de velhos brancos conservadores e raivosos que logo vão morrer e serão substituídos por jovens *millennials* praticantes do ódio do bem; ao contrário: todas as estatísticas sobre a relação entre o voto e a pirâmide etária na Europa demonstram que essa onda veio para ficar, com a direita conquistando cada vez mais adesões entre as novas gerações.

* * *

Sobre a questão racial hoje onipresente, Eatwell e Goodwin rejeitam a associação fácil e enganosa entre direita e racismo: "Não achamos que nossas sociedades estejam se tornando mais racistas. Analisando as evidências, vemos que, em muitos países, o racismo declarado na verdade está em declínio. Mas muitas pessoas se sentem ansiosas com as mudanças, talvez irrevogáveis, em sua comunidade e nação. Os nacional-populistas estão atraindo intensamente pessoas que partilham de crenças legítimas sobre os riscos culturais demográficos e culturais criados por essa rápida mudança".

Os autores demonstram, por exemplo, que o voto pelo Brexit foi significativamente maior nas cidades inglesas mais impactadas pela imigração (mas a simples constatação desse fato é hoje passível da acusação de racismo). Parece óbvio que levas descontroladas de imigrantes e refugiados com pouca ou nenhuma qualificação (e com valores e costumes totalmente diferentes daqueles dos cidadãos locais) têm impactos sociais, culturais e econômicos negativos na sociedade — mas também o óbvio é hoje passível de denúncias politicamente corretas pelos lacradores de plantão.

Muitos europeus estão migrando para a direita simplesmente porque percebem a chegada descontrolada de imigrantes, refugiados e, sobretudo, muçulmanos como ameaças à sua identidade nacional e ao seu modo de vida. Não se trata de um medo irracional, racista e xenófobo do "outro" e do "diferente", mas da constatação cotidiana, especialmente por parte dos mais pobres e das classes médias, de que esse processo afeta sua qualidade de vida, com a deterioração de seus bairros e o aumento da insegurança.

"Querer uma política de imigração mais estrita não é, em si, racismo", afirmam os autores, evocando outro cientista político que vem se debruçando sobre a questão, David Goodhart: "A esquerda tende a acreditar que a preferência de alguém por sua própria nação ou por seu próprio grupo étnico é uma forma de racismo. Os conservadores veem isso como senso comum e se ressentem de serem rotulados de racistas".

Isso tudo vale para a Europa, naturalmente, onde a abertura a imigrantes e refugiados e o processo de islamização foram acentuados nos últimos anos. Mas esse diagnóstico pouco ou nada tem a ver com o caso brasileiro, um país marcado desde sempre pela miscigenação e que só muito recentemente vem tentando importar uma narrativa racialista raivosa de países com um contexto e uma história completamente diferentes.

Nesse sentido, os autores forçam a barra ao citar, fora de contexto, uma declaração de Bolsonaro ("A escória do mundo está vindo para o Brasil"), sem esclarecer que ele se referia a potenciais terroristas, que representavam uma ameaça concreta à segurança de todos os brasileiros, mas não tinham nenhuma dificuldade em entrar no país.

* * *

Estudiosos do Fascismo, Eatwell e Goodwin esclarecem, de forma honesta e óbvia, que é inadequado rotular como fascista a guinada para a direita que testemunhamos nos últimos anos. Da mesma maneira, é apenas uma estupidez desqualificar como racistas todos os europeus que se opõem à política de portas abertas, e estupidez ainda maior é associar — como se faz no Brasil, diga-se de passagem — essa onda "fascista" ao neoliberalismo, já que em diversos casos os líderes nacional-populistas defendem um Estado forte e limitações ao livre comércio, na defesa dos interesses econômicos da nação — e dos empregos de seus cidadãos. Vale lembrar que, no Brasil, a ditadura militar foi altamente estatizante.

Parece consistente como ferramenta de análise listar os fatores que explicam essa marcha para a direita na Europa: a desconfiança em relação às elites e aos políticos tradicionais; o desalinhamento crescente dos eleitores com os partidos já estabelecidos, com os quais se sentem menos comprometidos; a percepção da destruição de valores, costumes e modos de vida, bem como de ameaças à estabilidade econômica; e a "privação relativa", o sentimento de insegurança do cidadão médio diante da crença de que está "perdendo" em relação a outros grupos, em meio a um processo de erosão dos valores compartilhados que são o cimento da identidade de qualquer nação.

Tudo isso tem raízes em questões complexas e profundas, não apenas econômicas, mas também demográficas e culturais. Existe, entre os cidadãos europeus comuns, a sensação de que os políticos de esquerda, com seu discurso pretensamente inclusivo, não atendem mais aos seus interesses nem ouvem mais as suas vozes.

O europeu médio teme, com razão, que séculos de história estejam em risco de desaparecimento — a recente onda de vandalização e derrubada de monumentos é uma confirmação eloquente desse temor.

Nesse contexto, quando o líder italiano Matteo Salvini propõe mandar de volta para seus países 500.000 refugiados, ele está respondendo aos temores bem reais e justificados do cidadão médio, preocupado com seu emprego e com a segurança do seu bairro e da sua família. Salvini não está nem um pouco preocupado com a opinião dos intelectuais e acadêmicos protegidos em seus gabinetes, muito menos com a opinião dos estudantes progressistas protegidos na casa dos pais: está preocupado com os problemas enfrentados no dia a dia pela maioria do eleitorado.

É fácil (e "pega bem") desdenhar e ridicularizar esse temor das classes médias, mas os riscos da islamização parecem muito reais para um europeu que vive fora da bolha politicamente correta da vida acadêmica. Eatwell e Goodwin acertam quando afirmam que essas preocupações não podem ser simplesmente rotuladas de fascistas e jogadas na lata de lixo. Ou podem, mas as consequências virão na forma de um crescimento ainda maior da direita.

* * *

Mas quando saem do seu "círculo de competência" — a análise das sociedades europeias — e tentam aplicar suas teses ao Brasil — país com um contexto e uma história completamente diferentes daqueles das nações europeias — os autores falham miseravelmente.

"Nacional-populismo" tem o mérito de desmontar algumas mentiras e narrativas disseminadas pela esquerda sobre o crescimento da direita. Mas as referências dos autores ao Brasil e a Jair Bolsonaro podem ser consideradas o ponto fraco do livro.

Eatwell e Goodwin parecem ignorar completamente o longo ciclo populista de esquerda que antecedeu (e, até certo ponto, provocou) a eleição de Bolsonaro em 2018. Este é citado 15 vezes no livro, sempre de forma enviesada.

Ora, o modelo interpretativo do livro se adapta com muita dificuldade ao Brasil, um país que não enfrenta mudanças demográficas aceleradas e radicais provocadas pela imigração — e também um país no qual a miscigenação desfez desde sempre as distinções rígidas entre as raças: isso sempre representou uma vantagem competitiva que hoje estão tentando destruir, transformando o Brasil em uma nação bicolor; não é outro o sentido do discurso do ódio racialista, do revanchismo sectário e da narrativa da dívida histórica que hoje servem, como outras pautas identitárias, à agenda ideológica do campo progressista (substituindo a antiga luta de classes).

Aparentemente sem um mínimo de familiaridade com o que aconteceu no Brasil desde a eleição do populista Lula em 2002 — a cooptação das elites pela esquerda, o aparelhamento do Estado, a compra de votos dos pobres via programas assistencialistas, o estabelecimento de um gigantesco sistema de corrupção para financiar um projeto de perpetuação no poder e, não menos importante, a divisão deliberada e criminosa da sociedade entre "nós" e "eles", cujos efeitos se fazem sentir até hoje —, os autores se limitam a uma interpretação por analogia, a uma análise equivocada e superficial do caso brasileiro.

Eatwell e Goodwyn fazem algumas acusações irresponsáveis: afirmam, por exemplo, que "a vasta maioria das informações falsas no WhatsApp [durante a campanha de 2018] favorecia Bolsonaro — o que, além de ser algo difícil de demonstrar, passa batido pelo fato de que, eleição após eleição, o grupo no poder entre 2003 e 2016 fez da disseminação de *fake news* e do assassinato de reputações um método e uma arte.

Os autores também erram completamente o alvo quando escrevem que a eleição de Bolsonaro reflete o desejo por uma liderança autoritária ou mesmo por um regime militar — isso corresponde a uma fração irrisória do eleitorado: é como afirmar que todos os eleitores de Bolsonaro acreditam que a Terra é plana.

Nenhuma análise intelectualmente honesta do nacional-populismo de Bolsonaro pode abrir mão do reconhecimento de que as condições para sua ascensão foram criadas durante o ciclo do populismo lulopetista, com a adoção sistemática das práticas já citadas — a divisão deliberada da sociedade brasileira, a vitimização das minorias, a cooptação e o controle da mídia, a desconfiança dos intelectuais, a deslegitimação da oposição, a exploração política da pobreza, a corrupção em escala nunca vista como sistema de perpetuação no poder, a opção pelo assistencialismo e pelo crédito barato para cooptar os mais pobres — em vez de oferecer educação de qualidade e criar as condições para que surjam oportunidades de trabalho, a única forma de um país escapar da armadilha da pobreza (ou seja, a opção deliberada foi por dar o peixe em troca do voto, em vez de ensinar a pescar).

"Você já pensou o que representa isso em matéria eleitoral?"

INÍCIO DE 2003, ÉPOCA DO LANÇAMENTO DO BOLSA-FAMÍLIA, NO PRIMEIRO Governo Lula. O jurista Helio Bicudo, um dos fundadores do PT, pergunta a José Dirceu, então chefe da Casa Civil, qual é o verdadeiro objetivo do programa?

A resposta é clara: "Olha, você já pensou o que representa isso em matéria eleitoral? Nós vamos beneficiar 12 milhões de famílias, por exemplo. Doze milhões de famílias são mais de 40 milhões de votos!".

Quem conta essa história é o próprio Bicudo, em um vídeo disponível no YouTube,[II] para concluir: "É isso que é o Bolsa Família. Quer dizer, não há nada mais profundo do que o problema eleitoral. Vocês recebem dinheiro para votar".

* * *

Bicudo, como se sabe, rompeu com o PT em 2005, depois do escândalo do Mensalão. Morreu em 2018, aos 96 anos.

É claro que o Bolsa Família não foi só isso. Mas também foi isso. Temos que abandonar a mania do raciocínio binário. Os aspectos positivos do programa não mudam o fato de que ele foi usado como moeda eleitoral. Uma coisa não anula a outra.

A administração da pobreza (não sua diminuição) sempre rendeu votos no Brasil. É triste, mas é assim que funciona.

Basta lembrar que, nos últimos 15 anos, campanha eleitoral após campanha eleitoral, os adversários do PT foram sempre acusados explicitamente de planejar extinguir o Bolsa Família, explorando de forma desonesta o medo da população mais carente de perder o benefício. (Curiosamente, isso nunca incomodou os ministros do STF hoje tão preocupados com *fake news*).

O tempo mostrou que era mentira: os militantes estavam apenas "fazendo o diabo" para ganhar a eleição, como aliás anunciaram que fariam. Vitorioso, Bolsonaro não só manteve o programa como criou um décimo-terceiro para o Bolsa Família. E, depois da eclosão da pandemia de Covid-19, sancionou um auxílio emergencial que representou a maior transferência de renda da história deste país: em volume de recursos, nove meses do auxílio emergencial equivaleram a nove anos do Bolsa Família.

* * *

Corte para maio de 2020. Em meio à crise econômica sem precedentes provocada pelo coronavírus, o presidente da Caixa anuncia, durante *live* do presidente Jair Bolsonaro, a abertura gratuita de 50 milhões de contas digitais para os beneficiários do auxílio emergencial de R$ 600 — destinado a desempregados, trabalhadores informais e autônomos e pessoas com renda familiar de até três salários mínimos.

Dias antes dessa notícia, um secretário especial do Ministério da Economia deixou no ar a possibilidade de o auxílio emergencial se tornar permanente. Em nota oficial, o Governo se apressou a negar que isso estivesse nos planos. Mas em política, frequentemente, quando algo é desmentido é porque pode acontecer.

Fizesse parte do Governo Bolsonaro, e sendo verdadeira a história contada por Hélio Bicudo, José Dirceu talvez dissesse, animadíssimo: "Olha, você já pensou o que representa isso em matéria eleitoral? Nós vamos beneficiar 50 milhões de famílias, por exemplo. Cinquenta milhões de famílias são mais de 150 milhões de votos!".

Ninguém sabe ao certo até onde vai a pandemia. No momento em que escrevo, final de novembro de 2020, os casos e as mortes voltaram a crescer, sinalizando que uma segunda onda pode estar começando no Brasil.

Enquanto não aparecer uma vacina — o que ainda pode demorar, porque há etapas no processo que não podem ser aceleradas — ou enquanto não se descobrir uma medicação ou coquetel de medicações comprovadamente eficaz — o que ainda não aconteceu, por maiores que sejam nossa torcida e nossa esperança —, um cenário possível é a sociedade ficar refém de quarentenas ou *lockdowns* intermitentes, ainda por um bom tempo.

A expectativa de que tudo se resolveria em 2020 e começaríamos 2021 em plena "normalidade" (normalidade no Brasil é sempre entre aspas) não será atendida. Tomara que não aconteça, mas não é totalmente absurdo imaginar um cenário no qual os impactos da pandemia afetem a sociedade brasileira, em alguma medida, até 2022 — ano da próxima eleição para presidente.

Em condições normais de temperatura e pressão, ainda mais em um governo de viés liberal na economia, não se cogitaria estender o benefício emergencial ou criar outro programa similar (que poderia ser chamado de *Bolso*Família), até porque a conta não fecha. Mas não estamos em uma situação normal. No contexto de uma crise econômica prolongada e continuidade da pandemia, podem ser adotadas soluções extremas.

* * *

O voto da população mais pobre é pragmático, não é ideológico: será sempre daquele candidato que oferecer algum benefício concreto, algum alívio para suas aflições imediatas.

A incompreensão dessa verdade elementar foi um dos fatores que levaram ao fiasco da esquerda no Brasil nas eleições municipais de 2016 e nas eleições para presidente e governadores em 2018 — e também, em alguma medida, nas eleições municipais de 2020: embora estas tenham sido bastante atípicas, a matemática mostra ser fantasiosa a ideia de que elas representaram um renascimento da esquerda.

O caso do Rio de Janeiro em 2016 foi exemplar: com seu discurso progressista, o candidato do PSOL Marcelo Freixo só ganhou em alguns bairros mais ricos da cidade, levando uma surra do evangélico Marcelo Crivella nas regiões mais carentes. Os eleitores pobres estavam fartos de discursos bonitos sobre a transformação da sociedade e queriam soluções práticas para seus problemas. E o fato é que, frequentemente, quem aparece para ajudar na hora que a coisa aperta é o pastor que mora ao lado, na periferia, não o político de esquerda que mora nos bairros de elite.

O auxílio emergencial e/ou o programa que vier a substituí-lo será um fator considerável na eleição de 2022, porque os eleitores mais pobres estão pouco se lixando para eventuais acordos do Governo Bolsonaro com o Centrão e não ligam para as grosserias do presidente: para eles o que importa é ter comida na mesa. Nessas horas, a urgência de evitar o problema social imediato — e seus inevitáveis desdobramentos, como o aumento da violência — costuma prevalecer sobre a racionalidade econômica. Basta pensar na derrota recente de Macri para o populista Alberto Fernández na Argentina.

"Ah, mas a longo prazo isso não pode dar certo." Isso também pouco importa para o eleitor desesperado. Como disse John Maynard Keynes, "a longo prazo todos estaremos mortos".

O mesmo voto que reelegeu Lula pode reeleger Bolsonaro: o voto daqueles para quem a garantia de um dinheirinho pingando na conta todo mês é mais importante que qualquer ideologia.

É claro que, se for tornado permanente, o auxílio não será só isso. Mas também será isso. Se essa hipótese pode desagradar a muita gente que apoia o governo e critica o assistencialismo, é certo que a esquerda ficará enfurecida: imaginem um indignado eleitor do PT acusando o presidente de usar o auxílio emergencial como moeda eleitoral para continuar no poder...

Essa ficha parece já estar caindo para parte da esquerda, que teme que o benefício empurre para os braços de Bolsonaro parte do eleitorado petista. Já está acontecendo. Pois é, o mundo dá voltas.

Renda básica universal pode gerar exército de encostados?

À MEDIDA QUE A PANDEMIA SE PROLONGAVA, UMA PROPOSTA VOLTOU A GANHAR força nos debates internacionais sobre o combate à desigualdade: a Renda Básica Universal — RBU. Simplificando: uma mesada do governo que garantiria a todo e qualquer indivíduo a satisfação de suas necessidades básicas, erradicando a miséria e mitigando o impacto social de crises como a provocada pelo coronavírus.

Não estou falando aqui de programas emergenciais de proteção social, como incentivos econômicos temporários para trabalhadores informais ficarem em casa durante a pandemia. Falo da proposta de um programa universal e permanente de transferência de renda.

Ganhar dinheiro público sem fazer nada, bastando estar vivo. Curiosamente, a ideia não é defendida apenas pela esquerda: ela vem seduzindo também uma parcela da direita, ainda que por motivos diferentes.

Mas será que funciona?

Qualquer estudante do primeiro período de graduação aprende que a economia é a ciência da alocação de recursos escassos. Pelo menos nas economias de mercado, sem a planificação central que vigorou nos países comunistas, o problema econômico essencial em qualquer tempo não é dividir uma quantidade fixa de recursos, e sim criar condições para a produção crescente de riqueza, por meio de incentivos ao empreendedorismo e à inovação.

Não existe uma quantidade constante de recursos a ser alocada, com maior ou menor grau de consciência social: a produção de riqueza de qualquer país varia, dependendo, entre outros fatores, de como o governo intervém para orientar a alocação desses recursos.

Se, por exemplo, para aumentar sua arrecadação, um governo decidisse criar um imposto de 100% sobre a renda, isso seria eficaz, do ponto de vista da receita, se a renda continuasse a mesma — só tem um problema: não haveria mais renda a tributar. Parece óbvio que, quanto maior a carga tributária, menor o incentivo a produzir e trabalhar.

É certo que a linguagem vem sendo sistematicamente corrompida, a ponto de as palavras ganharem sentidos variáveis, a depender dos interesses e da ideologia de quem as emprega. Mas a matemática, até onde eu sei, continua a mesma. Como dinheiro não dá em árvore, e como os recursos necessários para garantir o pagamento continuado da RBU teriam que sair de novos impostos (ou da emissão maciça de moeda, que geraria inflação, que tornaria inútil a RBU), a primeira pergunta é: em um país com a carga tributária do tamanho da brasileira, há espaço para mais impostos?

Os argumentos a favor da Renda Básica Universal são mais éticos do que econômicos. Seus advogados se comportam como se o imperativo da justiça social pudesse prevalecer sobre as leis impessoais da economia. Ou seja, só enxergam o lado que convém.

É até razoável imaginar que a injeção brutal de dinheiro decorrente da adoção da RBU teria benefícios visíveis a curto prazo (mais visíveis, em todo caso, que os custos, que só ficariam claros mais tarde: as consequências costumam vir depois das causas).

Os mais vulneráveis, argumenta-se, poderiam consumir mais e investir em capacitação; pais poderiam ficar mais tempo com seus filhos; os índices de evasão escolar e desnutrição infantil diminuiriam; os casos de depressão e ansiedade entre adultos também; as pessoas teriam liberdade para empregar seu tempo em atividades criativas. E ainda: diminuiriam os índices de violência e o êxodo rural, bem como as desigualdades regionais.

A RBU também empoderaria as mulheres, já que, não mais dependentes dos maridos, não precisariam se submeter a relacionamentos tóxicos. A pressão para as mulheres se engajarem na prostituição e em "sexo transacional" seria menor, porque a renda básica as afastaria de atividades que colocassem em risco sua integridade física ou moral. Donas de casa que hoje realizam trabalho não remunerado passariam a ser recompensadas.

Igualmente importante, a RBU diminuiria a atração exercida nos jovens das periferias pelo tráfico de drogas e outras atividades ilícitas.

Ora, tudo isso seria ótimo, se fosse economicamente viável. Ninguém é contra a redução da miséria e da desigualdade (ainda que a esquerda se considere dona exclusiva dessa bandeira). Mas a economia não funciona na base de boas intenções: fosse assim, todos os problemas do mundo seriam resolvidos por decreto.

Por hipótese, vamos imaginar que fosse possível apresentar a cada brasileiro as seguintes alternativas: a) fique em casa vendo futebol na TV; b) passe o dia na praia ou no botequim; ou c) acorde cedo para pegar uma condução e ir trabalhar por oito horas. Independente da escolha, a satisfação de suas necessidades básicas estaria garantida pelo Estado.

Levando em conta essa inexistência de uma cultura do trabalho consolidada no Brasil, qual seria a escolha de uma parcela significativa da população? Trabalhar (e, aliás, pagar impostos extorsivos sobre a renda) ou ganhar dinheiro grátis ficando em casa ou indo à praia?

É forçoso admitir que, por uma conspiração de fatores, diferentemente do que ocorre na América protestante, não desenvolvemos no Brasil uma cultura que valorize o trabalho duro como virtude e o esforço como caminho para a prosperidade e a realização pessoal.

Ao contrário, trabalho aqui costuma ser visto como castigo ou prisão — o que explica nossos baixíssimos índices de produtividade. Lembro que, nas manifestações contra a reforma da Previdência, um jovem portava um cartaz com uma mensagem eloquente: "Sou estudante e quero me aposentar!".

Na maioria absoluta dos casos, quem for pago para não fazer nada fará exatamente isso: nada. E não estou falando da população mais vulnerável, mas da própria classe média, na qual já é gigantesco o número de jovens em idade produtiva que não estudam nem trabalham (os "nem-nem"). Mesmo sem RBU.

Li que, após um experimento de renda básica realizado na Finlândia, a conclusão foi que as pessoas que participaram do projeto estavam desempregadas, mas felizes. Não é difícil imaginar que, ainda que fosse economicamente viável, a adoção da Renda Básica Universal no Brasil resultaria em um exército de encostados, "desempregados, mas felizes".

* * *

No Brasil, tudo que é anunciado como provisório corre o sério risco de virar permanente. Medidas emergenciais são tomadas para enfrentar uma situação específica. O tempo vai passando, a situação deixa de existir, mas a medida vai sendo renovada, até que as pessoas esquecem que ela deveria ser passageira. Vira o "novo normal".

Basta pensar na CPMF, provisória durante 10 anos: de solução para um problema, passou a fazer parte do problema.

No Brasil a carga tributária equivale a mais de um terço do PIB, mas, como naquele comercial antigo de desodorante, sempre cabe mais um. Mais um imposto. Até porque cortar gastos é difícil em um país onde o "no meu ninguém mexe" é uma cláusula pétrea. Isso vale, aliás, tanto para os mais necessitados quanto para as elites: é comum lobistas de setores contemplados com benefícios temporários manobrarem, junto ao Congresso, para que se tornem privilégios permanentes.

Somos o país do auxílio disso e daquilo: auxílio moradia, auxílio paletó, auxílio alimentação, auxílio transporte, diferentes formas de bolsas e subsídios. No cenário de recuperação lenta que se avizinha, será muito difícil desfazer qualquer coisa que for feita agora.

Ironicamente, para desespero da esquerda e incômodo dos liberais, do jeito que as coisas caminham Bolsonaro, depois de implementar o décimo-terceiro do Bolsa Família, pode entrar para a posteridade como o presidente que instituiu o mais amplo programa de Renda Básica da história deste país.

Isso surpreenderá a quase todos, menos àqueles que leram seu Plano de Governo. Na página 63 do documento protocolado no TSE em 14/08/2018 está registrada, com todas as letras, a proposta de garantir "a cada brasileiro" uma renda igual ou superior ao que era pago pelo Bolsa Família: "Pretendemos instituir uma renda mínima para todas as famílias brasileiras".

É claro que, se implementada, essa medida vai virar gasto compulsório permanente para o Estado (e, consequentemente, para os pagadores de impostos). Ano após ano, essa despesa só vai aumentar, independente do desempenho da economia e do rombo no Orçamento.

É questão de tempo para se tornar inviável arcar com mais esse programa, uma vez que mexer em "direitos garantidos" é tabu: basta pensar no longo debate travado sobre a reforma da Previdência. Como dinheiro não dá em árvore, a solução será aumentar periodicamente os impostos. As pessoas se acostumam.

* * *

Um nome crescentemente citado nesse debate é o do economista liberal Milton Friedman, que defendeu, no começo dos anos 60, a adoção do Imposto de Renda Negativo (IRN) nos Estados Unidos.

É preciso esclarecer que Renda Básica Universal é diferente de Imposto de Renda Negativo (que na verdade foi concebido pela política britânica Juliet Rhys-Williams, nos anos 40, e não por Friedman): o IRN é pago somente a indivíduos com renda muito baixa, enquanto a RBU é, obviamente, universal.

Mas alguns argumentos de Friedman a favor do IRN podem ser estendidos à RBU — são argumentos bem mais sensatos, em todo caso, que aqueles da esquerda, focados, como sempre, em uma sociedade "mais igualitária".

A ideia de Friedman, esmiuçada no livro "Capitalismo e sociedade" (1962), era assegurar aos mais pobres condições mínimas de inserção no sistema capitalista, como consumidores e cidadãos responsáveis, em vez de depender de serviços e programas assistencialistas ineficazes e caros para o Estado. Ou seja, ele defendia o IRN como uma *alternativa* menos nociva e pesada para o Estado à miríade de programas de proteção social que costumam transformar os pobres em eternos cidadãos de segunda classe, *não como um programa a mais*.

Além de aliviar o Estado da gestão de uma estrutura burocrática pesada e potencialmente corrupta, o IRN funcionaria como uma ferramenta de responsabilização dos indivíduos beneficiados, que passariam a gerir essa renda da forma que julgassem mais adequada.

A premissa implícita é que o dinheiro público aportado em programas sociais seria mais bem gasto se a população carente tivesse a liberdade de escolher onde gastá-lo. Dito de outra maneira, "ninguém sabe usar melhor o seu dinheiro do que o próprio indivíduo".

Tenho minhas dúvidas. Pelo menos no Brasil, o que vejo cada vez mais é gente com zero educação financeira e zero senso de prioridade econômica. Pessoas com o aluguel atrasado, sem plano de saúde, afogadas em dívidas, mas que, se cair um dinheiro extra na conta, a primeira coisa que farão será dar entrada em um iPhone 11, parcelado em 36 vezes, para ostentar nas redes sociais (a obsessão dos brasileiros por iPhone é um caso a ser estudado).

Voltando à Renda Básica Universal: é importante lembrar que, se implementada em sua forma pura, ela contemplaria não somente aqueles que procuram emprego e não encontram (que é, aliás, a definição formal de desemprego), o que é defensável, mas também aqueles que estão desocupados por opção ou preguiça, aqueles que podem, mas não querem, trabalhar. No popular: os vagabundos, que aliás existem em todas as classes. Desconfio que estes, que já não precisam de incentivo para não pegar no batente, só fariam aumentar, sobrecarregando ainda mais a carga tributária de quem trabalha e produz.

O fato é que, pelo menos no Brasil, ninguém jamais se tornou mais responsável por ganhar dinheiro sem fazer nada: a tendência é acontecer o oposto.

Ora, quem sou eu para contestar uma ideia análoga à da RBU, que foi defendida por Milton Friedman... Bem, não sou só eu. Nos anos 70, uma proposta de criação de Imposto de Renda Negativo, apresentada ao Congresso americano pelo presidente Richard Nixon, foi enfaticamente rejeitada: um dos fundamentos do capitalismo na América é a premissa de que um indivíduo tem que merecer o dinheiro que ganha. Não existe almoço grátis. Mas é importante enfatizar que foi com um viés antiassistencialista, e não puramente distributivo, que Friedman defendeu o IRN.

* * *

Considerando o tamanho e a complexidade da burocracia no Brasil, foi surpreendente o desempenho da Caixa na distribuição da ajuda emergencial de R$ 600 a trabalhadores informais. Ainda mais levando em conta que, lamentavelmente, milhões de pessoas que não teriam direito ao auxílio se cadastraram no programa mesmo assim.

As regras foram exaustivamente divulgadas, mas, segundo o DataPrev, nada menos que 30% dos pedidos foram inabilitados. Em 14/04, dos 73,4 milhões de inscritos no Cadastro Único, somente 51,3 milhões tinham direito; 22,1 milhões foram barrados porque tinham carteira assinada, recebiam pensão ou aposentadoria, recebiam auxílio desemprego etc. O tempo que a Caixa levou para analisar esses pedidos certamente sobrecarregou o sistema e retardou a liberação dos recursos para quem realmente precisava.

Outros problemas aconteceram: longas filas e aglomerações diárias na porta de agências bancárias, facilitando a contaminação da Covid-19; mães que eram chefes de família enfrentando dificuldades para sacar o valor a que teriam direito; suspensão de outros benefícios em alguns municípios; e os inevitáveis (mas nem por isso menos angustiantes para quem está na ponta que precisa) problemas técnicos no aplicativo.

* * *

Por maiores que tenham sido a competência e o empenho dos envolvidos, milhões de brasileiros que teriam direito ao auxílio levaram semanas para conseguir acessá-lo. É um exército de brasileiros invisíveis, para quem a prioridade deveria ser: não deixar que passem fome.

Para essas pessoas, um programa maciço e descentralizado de distribuição de cestas básicas seria muito mais eficaz que tentar encontrar maneiras de fazer o dinheiro chegar até elas. Até porque os obstáculos logísticos de distribuir alimentos não devem ser maiores que as exigências legais e as dificuldades burocráticas — compreensíveis, em um país com tantos desvios — para se distribuir dinheiro público.

O que me leva de volta ao tema da Renda Básica Universal. Recapitulando: como escrevi acima, a adoção da RBU não se somaria a outros programas de garantia de renda mínima, como o Bolsa Família e os "vales" disso e daquilo, que seriam extintos.

Sua vantagem seria, justamente, a simplificação, eliminando a necessidade de coleta e monitoramento permanente de informações dos beneficiados. A RBU reduziria a burocracia e os custos de transação envolvidos em programas sociais — comprovação de pobreza, fiscalização de contrapartidas, complexidade do cadastramento e possíveis (no Brasil, prováveis) fraudes.

Além disso, a RBU mitigaria efeitos perversos da sobreposição de auxílios, como a armadilha da pobreza: em alguns programas, como o beneficiário deixa de ser elegível se começar a trabalhar, ele prefere ficar refém da ajuda — não por preguiça, mas porque está recebendo um incentivo errado, como se depender economicamente do Estado fosse a sua condição natural.

Mas a RBU criaria outros problemas. Por exemplo, ela entraria no cálculo de quem emprega: sabendo que a renda do funcionário será complementada pelo Estado, um empresário pode passar a oferecer salários menores — de novo, não por maldade, mas para maximizar o lucro de seu negócio.

Ou seja, a RBU poderia redesenhar, para pior, as relações contratuais existentes, sem necessariamente melhorar a vida de quem ganha pouco. Além disso, o aumento inevitável dos impostos dos 30% que pagariam mais (incluindo pequenos empreendedores que já vivem com a corda no pescoço) para que os outros 70% pudessem receber a RBU representaria um desestímulo a empreender, produzir e trabalhar.

Para ser levada a sério, qualquer proposta de RBU terá que dar respostas satisfatórias aos seguintes problemas — que refletem os diferentes custos (não apenas financeiros) da medida:

- O custo propriamente dito:

Mesmo para países ricos, a implementação da RBU com um valor minimamente eficaz teria custos proibitivos. Nos Estados Unidos, eles já foram estimados em US$ 3,9 trilhões ao ano. No Reino Unido, o equivalente a US$ 210 bilhões. Por isso mesmo, programas piloto foram abandonados em diferentes países. No Brasil, onde o déficit primário em 2019 superou os R$ 95 bilhões — e deve fechar 2020 em inacreditáveis R$ 840 bilhões, por causa dos gastos e da queda de receita decorrentes da pandemia —, seria algo simplesmente inviável.

A RBU pode até funcionar em casos muito específicos, como o Alasca, em razão de características econômicas e demográficas particulares, e por um período limitado de tempo. Mas outras experiências que costumam ser citadas como bem-sucedidas diferem consideravelmente, no alcance e nas regras, do conceito da RBU — e mesmo assim foram rejeitadas por sua inviabilidade econômica, como aconteceu na rica Suíça.

- O impacto do mercado de trabalho:

A RBU reduziria a motivação dos desempregados para procurar emprego e a motivação dos já empregados para trabalhar melhor, comprometendo a produtividade da economia e gerando parasitismo social. Como os empregadores teriam uma parcela maior de sua própria renda abocanhada pelos impostos, também seriam desestimulados a crescer, investir e inovar — e seriam estimulados a pagar salários mais baixos.

- A captura política:

Não obstante a relevância dos dois fatores acima, talvez o mais grave argumento contra a adoção da RBU no Brasil, considerando a nossa história recente, seja o risco de apropriação política do programa, com o objetivo de transformá-lo em ferramenta de controle social e colocá-lo a serviço de um projeto de perpetuação no poder. Independentemente de sua ideologia, o grupo político beneficiado não será necessariamente honesto nem bem-intencionado.

A experiência demonstra que, em situações de precariedade, as pessoas vendem muito barato sua liberdade (basta olhar para Cuba ou Venezuela). Queijo grátis só se encontra em ratoeira. Cabe citar aqui o próprio Milton Friedman, que defendeu uma forma específica de Imposto de Renda Negativo, mas também advertiu: "Uma sociedade que coloque a igualdade acima da liberdade terminará sem as duas".

Voltando ao momento atual: a distribuição direta de dinheiro, embora possa funcionar emergencialmente, não está chegando ao bolso daqueles mais necessitados, que não têm sequer conta bancária, documentos regulares e acesso à internet. Se bem planejada, tanto para atingir o objetivo imediato de mitigar os efeitos da pandemia quanto como um programa de longo prazo, a disponibilização de cestas básicas preveniria a fome sem gerar os efeitos adversos citados acima.

* * *

A receita keynesiana de pesados gastos públicos, com o Estado atuando como protagonista da recuperação econômica, pode dar certo? A resposta depende do ponto de vista e jamais será consensual.

Prova disso é que até hoje não existe consenso na avaliação do New Deal ("Novo Acordo"), o conjunto de medidas implementado, a partir de 1933, por Franklin D. Roosevelt para tirar os Estados Unidos da depressão profunda produzida pelo *Crash* de 1929. Se não há consenso sobre o passado, o que dizer do futuro?

A gente costuma aprender nos bancos escolares que o New Deal foi um sucesso, reaquecendo a economia americana e "salvando o capitalismo de si mesmo". Mas existe, já há várias décadas, uma vasta literatura contestando essa tese, destacando-se o clássico *A Grande Depressão Americana*, de Murray N. Rothbard (1963). Mais recentemente, Richard Vedder e Lowell Gallaway concluíram, de forma contundente, que a Grande Depressão foi "significativamente prolongada, tanto em sua duração como em sua magnitude, pelo impacto dos programas do New Deal" ("Out of Work — Unemployment and Government in 20th Century America", 1993). Ou seja, o argumento é que, sem o New Deal, a recessão seria corrigida pelo mercado — e teria sido superada muito mais depressa

É fato que a economia americana acabou se recuperando, mas esse processo levou mais de uma década. Mesmo na retomada do emprego, o New Deal foi bastante lento, com uma taxa de desocupação persistente e elevada (o patamar de 1929 só seria recuperado em 1952). Além disso, a entrada dos Estados Unidos na Segunda Guerra, em 1941, parece ter sido um fator mais determinante da retomada do crescimento, em razão do aumento da demanda por produção, que o próprio New Deal.

Tudo isso faz sentido. Além dos gastos maciços em obras públicas, como a construção de fábricas, estradas, portos, usinas, escolas, hospitais, o New Deal também incluiu diversas medidas que afastaram o investimento privado produtivo: controle de preços, aumento do poder de barganha dos sindicatos, diminuição da jornada de trabalho sem redução dos salários, subsídios variados à agricultura e outros setores, intervenção no sistema bancário e no mercado financeiro. São medidas que até hoje deixam de cabelo em pé os adeptos do liberalismo econômico.

As críticas ao New Deal são bem fundamentadas pela teoria econômica e pelo exame retrospectivo dos números. Mas essas análises não levam em conta dois aspectos fundamentais e entrelaçados: o *impacto social* e o *impacto político* de um programa dessa envergadura.

Afora a medidas emergenciais — algumas delas foram mais tarde declaradas inconstitucionais —, o New Deal foi responsável pela adoção de um sistema de seguridade social nos Estados Unidos, além da criação do salário mínimo, do seguro-desemprego e de uma rede de proteção aos idosos, desempregados e inválidos. O trabalho infantil foi erradicado. De mais a mais, com os empregos criados no campo, diminuíram os problemas sociais causados pelo êxodo rural. Todas essas foram medidas positivas e de evidente popularidade.

Mesmo em governos de viés liberal, em períodos de calamidade e colapso social iminente a urgência de aliviar o sofrimento da população mais carente e salvar vidas pode prevalecer sobre os dogmas da teoria econômica.

Maiores gastos públicos se tornam necessários não para criar o bem-estar social a longo prazo, mas para evitar uma tragédia iminente. Mal comparando, o que o New Deal fez foi "achatar a curva" dos danos sociais provocados pela crise econômica, ao preço de prolongar essa crise — da mesma forma que o isolamento social faz com a pandemia de Covid-19.

E houve um aspecto em que o New Deal foi inegavelmente eficaz, pelo menos do ponto de vista de quem o implementou: o impacto político e eleitoral. A popularidade do New Deal garantiu a Roosevelt mais dois mandatos, nas eleições de 1936 (de forma acachapante, vencendo seu adversário Alf Landon em 46 estados e só perdendo em dois) e de 1940; os republicanos só voltariam ao poder em 1953, com a eleição de Eisenhower.

A política tem razões que a economia desconhece, e vice-versa.

O filósofo e o genocida

ENQUANTO AUTORIDADES SANITÁRIAS DO MUNDO INTEIRO RECOMENDAVAM o isolamento social como forma de enfrentar a pandemia de Covid-19 (diminuindo o ritmo do contágio e, portanto, das mortes), Jair Bolsonaro condenou a histeria provocada por governos e alimentada pela mídia. Giorgio Agamben, prestigiado filósofo italiano de esquerda, também.

Em diversos artigos publicados a partir de fevereiro de 2020, Agamben se opôs firmemente às normas de quarentena impostas à população italiana, enxergando nelas manifestações de um "Estado de exceção" cujo objetivo era, com o pretexto de uma "emergência imotivada", restringir liberdades essenciais dos cidadãos, como os direitos de ir e vir e de reunião. Bolsonaro disse coisas parecidas.

Bolsonaro questionou o suposto mau uso da ciência como justificativa para paralisar um país inteiro — o que teria um custo altíssimo em sofrimento e vidas humanas, em decorrência do desemprego que atingiria milhões de brasileiros.

Agamben também questionou o poder da ciência, que classificou ironicamente como "a religião de nosso tempo", pois ela estaria sendo usada para provocar o pânico e levar a população a aceitar passivamente ataques à liberdade por parte de governos policialescos.

Agamben defendeu a resistência da sociedade às medidas de isolamento em mais de uma ocasião — começando por um artigo publicado no jornal *Il Manifesto*, em 26/02,[12] no qual afirmou que a pandemia de Covid-19 era uma "invenção" criada para promover um estado de medo coletivo que justificasse a imposição de políticas autoritárias: "Parece que, esgotado o terrorismo como causa de medidas de exceção", escreveu o filósofo, "a invenção de uma epidemia pode oferecer o pretexto ideal para ampliá-las além de todo limite".

Por fim, Agamben classificou a Covid-19 como uma "gripe normal".

Bolsonaro, como lembram os progressistas todos os dias, a chamou de "gripezinha".

Mas é preciso observar algumas nuances aqui, antes de levar o paralelismo adiante.

Quando Bolsonaro optou por defender que as pessoas saíssem às ruas para trabalhar, minimizando a gravidade da pandemia ("...no meu entender, está superdimensionado o poder destruidor desse vírus", declarou em 09/03), havia zero morte de Covid-19 no Brasil.

E quando, duas semanas depois, em 24/03, o presidente criticou o fechamento do comércio e das escolas, comparando a Covid-19 à famigerada "gripezinha", a situação estava longe de parecer desesperadora: eram 46 mortes acumuladas até aquela data.

Naquele momento, como deveria reconhecer qualquer pessoa intelectualmente honesta, muitos brasileiros virtuosos que citam raivosamente a fala da "gripezinha" para atacar o presidente também minimizavam a gravidade da pandemia — pela simples razão de que a informação disponível era muito menor

111

— e o número de casos e mortes no Brasil também. Basta lembrar que, nos primeiros meses da pandemia, a orientação da própria OMS era que pessoas saudáveis não usassem máscara.

Já Agamben ainda teimava na tese negacionista em meados de abril, quando criticou mais uma vez os italianos por aceitarem passivamente a quarentena em razão de um risco que "não era possível precisar". Agamben escreveu isso em 13/04, quando os mortos na Itália, um país com população muito menor que a brasileira, já passavam de 20 mil (em mortes por milhão de habitantes, aliás, a Itália apresenta, no momento em que escrevo, números praticamente idênticos aos do Brasil: 781 × 786, apesar de os dois países terem adotado estratégias muito diferentes de combate ao vírus).

Em 22 de maio, quando o total de mortes na Itália se aproximava dos 33 mil, o filósofo não se deu por vencido: publicou novo artigo, "Réquiem para os estudantes",[13] condenando asperamente a "ditadura telemática" das aulas on-line. Agamben exortou os estudantes a não se matricular em cursos não presenciais e atacou os docentes que se submetiam a esse modelo.

Foi além: classificou esses professores como (adivinhem) *fascistas*: "(...) são o perfeito equivalente dos docentes universitários que em 1931 juraram fidelidade ao regime fascista".

O filósofo levou adiante a referência ao fascismo, afirmando que o rastreamento da localização de celulares para monitorar o grau de isolamento social nas cidades "excede em muito toda forma de controle exercida sob regimes totalitários como o fascismo ou o nazismo".

Ou seja, Agamben sugeriu que monitorar aglomerações pelo GPS para tentar controlar uma pandemia mortal é uma conduta pior do que perseguir, intimidar pela força, confinar em campos de concentração e matar em câmaras de gás.

* * *

É isso que acontece quando se substitui a realidade por uma ideologia: deixamos de ser sensíveis ao mundo e aos outros seres humanos, que passam a existir somente na medida em que se enquadram nas nossas teses mirabolantes.

Agamben, como outros pensadores de esquerda, só é capaz de enxergar a realidade através do filtro de conceitos e dogmas que conformam a sua visão da democracia e do Estado — mesmo quando estão em jogo vidas humanas.

Para ele pouco importam as circunstâncias particulares e excepcionais da pandemia: no modo automático de seu pensamento, se um governo determina que as pessoas fiquem em casa, não é para protegê-las de um vírus mortal, mas para estabelecer uma ditadura.

Agamben é indiferente às vidas concretas das pessoas que adoecem e morrem (as mais pobres, idosas e vulneráveis, em sua maioria): estas só interessam na medida em que legitimam as teses do grande pensador, que se recusa a olhar por cima do cercadinho ideológico em que ele vive.

Que eu me lembre, Bolsonaro nunca recomendou a estudantes que deixassem de se matricular nas escolas em protesto contra aulas *on-line*, nem ofendeu professores que se adaptaram ao esquema de aulas virtuais adotado por escolas e universidades. Nem muito menos comparou governadores e prefeitos (a quem o STF atribuiu o poder de decisão sobre as quarentenas, cabe lembrar) a fascistas e nazistas, mesmo discordando de suas políticas (e não estou dizendo aqui que ele estava certo).

No entanto, com raras exceções, as mesmas pessoas que chamam Bolsonaro de "genocida" e o acusam de praticar a "necropolítica" (mais um neologismo lacrador que entrou na moda) continuam reverenciando Agamben como grande pensador — fazem, no máximo, ressalvas respeitosas e cheias de salamaleques à atitude do filósofo. Ninguém sugeriu sequer que Agamben fosse cancelado, vejam só. Ninguém chamou o filósofo de genocida.

O que importa aqui é que tanto Agamben quanto Bolsonaro alertaram sobre a mesma coisa: os riscos de um Estado forte.

Ora, pode-se perguntar, retoricamente, se foi Agamben quem adotou, em relação à pandemia, um discurso anti-Estado, de viés neoliberal, ou se foi Bolsonaro quem adotou um discurso agambiano. O que não se pode é tratar Agamben com reverência e ao mesmo tempo acusar Bolsonaro de genocídio.

Mesmo quem defende as medidas de isolamento (eu, pessoalmente, acredito que sem quarentena a tragédia seria ainda maior, no Brasil e no mundo) não pode, de boa-fé, colocar na conta de Bolsonaro as mais de 150 mil mortes de Covid-19 no Brasil, até porque (de novo, porque parece necessário repetir à exaustão) o STF, para o bem e para o mal, delegou aos governadores o poder de decisão sobre a política de combate a pandemia.

Pode-se, no máximo, criticar Bolsonaro por dar maus exemplos (sair sem máscara, provocar aglomerações etc.). Mas maus exemplos muito piores — envolvendo, por exemplo, corrupção em escala industrial para financiar um projeto de perpetuação no poder — já foram dados por outros presidentes recentes no nosso país, sem que a turma que compara Bolsonaro a Hitler manifestasse qualquer indignação.

Quem chegou até aqui já deve ter entendido que o objetivo deste capítulo não é defender ou atacar Bolsonaro, nem tampouco criticar ou elogiar Agamben. Um e outro fizeram suas avaliações e apostas.

O objetivo é chamar atenção para o fato de que, nos tempos horríveis em que vivemos, não importa *aquilo* que se diz ou faz, mas *quem* diz ou faz.

Uma mesma declaração pode levar à execração pública e ao linchamento uma pessoa de direita e ao tratamento reverente uma pessoa de esquerda.

Uma mesma piada será considerada o que é (uma piada) se for contada por um progressista, mas também pode ser classificada como um crime hediondo, se for contada por um conservador.

Um mesmo elogio a uma mulher pode ser considerado o que é (um elogio) ou um estupro, a depender do homem que o faz e da mulher que o recebe.

É a "moral total flex".

E nem sequer se percebe a contradição nesse duplo padrão: por exemplo, houve quem argumentasse que Agamben e Bolsonaro não podem ser comparados nas críticas ao isolamento social, porque suas intenções não eram as mesmas.

Ora, confirmando o que escrevi acima, isso equivale a afirmar que um ato ou fala não valem nada: o que importa é a intenção por trás de quem fala ou age. Mas, se fosse assim, o Inferno estaria deserto.

Agamben até hoje não fez nenhuma autocrítica (a esquerda nunca erra). Já Bolsonaro, embora a turma do ódio do bem faça questão de ignorar isso e só se lembre da "gripezinha", vem modulando o seu discurso e reconhecendo o difícil desafio imposto pela pandemia. Já em 03/04, este foi o tema do meu artigo "O martelo de Maslow, o dever de mudar de ideia e a vida dos outros",[14] publicado na "Gazeta do Povo", no qual escrevi:

"Bertrand Russell afirmou que jamais daria a vida por suas convicções, pelo simples fato de que poderia estar enganado. Pode parecer apenas uma frase de efeito de um dos maiores pensadores britânicos do século xx — aliás testemunha engajada de diversos acontecimentos da história contemporânea, bastando citar o Tribunal Internacional de Crimes de Guerra que ele coordenou, nos anos 1960, com a participação da elite intelectual da época. Mas a frase é mais profunda do que parece.

"É claro que existem ideias pelas quais vale a pena lutar e fazer sacrifícios pessoais. Mas, longe de ser um sinal de covardia, não dar a vida por uma convicção revela humildade e sabedoria, no reconhecimento de que, por mais inteligente que seja e por mais informado que esteja, qualquer ser humano pode estar enganado. Quantas pessoas já não perderam a vida em nome de crenças que, passado algum tempo, se mostraram equivocadas?

"A responsabilidade é maior quando não é somente a própria vida que se imola no altar da convicção, mas também a vida dos outros. Regimes totalitários de esquerda e de direita foram capazes das piores atrocidades com base não na suposta maldade de quem os apoiava, mas na crença disseminada de que detinham o monopólio da verdade. Afinal de contas, quando se tem certeza do caminho que conduzirá o mundo à paz, à justiça e à felicidade, que preço pode ser considerado muito alto?

"Quanto mais polarizada uma sociedade, maior a tendência a se aferrar a determinadas certezas, nem que seja por mera oposição ao adversário. No Brasil dividido em que vivemos, há uma tendência a só enxergar um problema por meio de um repertório muito limitado de filtros e ferramentas conceituais, que reforçam a separação entre o campo a que se pertence e os demais. Como escreveu o psicólogo americano Abraham Maslow: 'Para quem só sabe usar martelo, todo problema é um prego'.

"Um exemplo claro do martelo de Maslow são os grupos identitários, que vivem de reduzir a complexidade dos problemas do mundo às suas próprias bandeiras. A percepção da realidade passa a ser determinada por três ou quatro premissas, geralmente vitimistas e intolerantes a qualquer contestação. A consequência é que a sociedade se fragmenta em campos em conflito, com um denominador comum cada vez menor, e sem aquele eixo de valores compartilhados fundamental para a vida em comunidade, tornando o mundo cada vez mais chato.

"Mas o martelo de Maslow se aplica, principalmente, à divisão entre esquerda e direita. No Brasil, o pretexto atual para o embate de opiniões é a pandemia do coronavírus. Mas, a cada dia que passa, fica mais claro que apostar na dicotomia 'esquerda a favor do isolamento social' versus 'direta contra o isolamento social' está sendo um mau negócio para a direita. Mas ainda há tempo para escapar dessa armadilha. Até porque lidar de forma responsável com a pandemia não tem nada a ver com ideologia.

"Na semana que passou, Donald Trump, que é Donald Trump, abriu mão de seu discurso pró-atividade econômica para recomendar isolamento social a todos os americanos, até 30 de abril. E parece que a ficha caiu até para o presidente Bolsonaro, que, em sua fala na televisão do dia 31 de março, deu sinais claros de uma mudança de discurso, reconhecendo a gravidade do desafio imposto pela Covid-19. Trump e Bolsonaro resistiram a mudar de opinião, mas acabaram se rendendo à pressão das evidências científicas — e estas sugerem que, neste momento, o isolamento é uma arma fundamental para mitigar o impacto do vírus.

"Uma prova de como é irracional a associação, no Brasil, de parte da direita com o negacionismo é que, entre os governantes que eram contra, mas passaram a defender o isolamento, estão Vladimir Putin e o mexicano (de esquerda) López Obrador. E, entre os governantes que continuam reticentes em apoiar o isolamento social, estão Nicolás Maduro e o nicaraguense (também de esquerda) Daniel Ortega. Antes de voltar atrás, aliás, López Obrador chegou a insinuar que os mexicanos seriam uma raça superior, resistente ao coronavírus.

"*Este não é um debate abstrato, como ocorre com temas como o aquecimento global, cujos impactos, de difícil aferição, sempre estarão sujeitos a controvérsias. Há uma situação imediata, concreta e grave, que, sem ter chegado ao seu pico, já afeta mais de 160 países, com mais de 40 mil mortes e quase 900 mil casos confirmados (no momento em que escrevo). Para quem tem olhos para ver, as curvas de crescimento de casos e de mortes no Brasil e no mundo são nada menos que assustadoras.*"[15]

"A pandemia que enfrentamos é inédita e dinâmica, e novos números e informações não param de chegar. Nesse contexto, mudar de opinião e corrigir o rumo não é vergonha para ninguém, ao contrário: para governantes de cujas decisões dependem milhares de vidas, pode ser uma obrigação.

"Quanto aos que se negarem a entender isso, por teimosia ou fanatismo, estes podem estar, sem saber, dando sua vida e a de seus amigos e parentes por uma crença equivocada. Ao contrário do que faria Bertrand Russell".

PS: Millôr Fernandes lamentava a inexistência de um ponto de ironia na língua portuguesa. Então, por via das dúvidas, e me antecipando a possíveis problemas de interpretação de texto: a palavra "genocida" foi usada de forma irônica no título deste capítulo. Aliás, a palavra "filósofo" também.

Slavoj Zizek é um fanfarrão

O FILÓSOFO ESLOVENO SLAVOJ ZIZEK FOI UM DOS PRIMEIROS PENSADORES da moda a lançar um livro sobre o impacto do coronavírus no mundo: a edição original de "Pandemia — Covid-19 e a reinvenção do comunismo" já estava nas livrarias europeias no fim de abril.

Nos meses seguintes muita coisa mudou, o que tornou a obra precocemente datada. Mas este é o menor dos problemas do livro: como o próprio subtítulo da edição brasileira sugere, Zizek faz da catástrofe um pretexto para pregar a volta do comunismo como solução para a crise planetária.

Oi?

O próprio Zizek parece não levar muito a sério a proposta, pois o que chama de comunismo, explica, são "formas emergentes de cooperação e solidariedade entre as pessoas e entre os países, entre os mercados e entre os Estados", que o vírus tornará necessárias.

Equiparar comunismo a "formas de cooperação" é apenas mais um truque retórico para associar a esquerda ao bem e a direita ao mal, tentando tornar palatável a ideia do comunismo ao leitor inocente e atribuindo ao capitalismo a culpa pela pandemia do vírus chinês.

Trata-se de um caso de oportunismo ideológico: uma vez criada a narrativa, o papel aceita qualquer coisa.

Slavoj Zizek é um fanfarrão.

Longe de trazer qualquer contribuição relevante para o debate, "Pandemia" é, na verdade, uma reunião de textos impressionistas, sem qualquer compromisso com o rigor: Zizek salta aleatoriamente de um tema a outro, sem se aprofundar em nenhum.

Essa ligeireza empresta ao texto uma aparência de urgência que apenas camufla a superficialidade de seu pensamento. Com seu estilo peculiar e verborrágico, Zizek alterna frases de efeito com citações a Hegel, Jacques Lacan, o cineasta Quentin Tarantino e até Jesus Cristo, segundo o Evangelho de João (em uma de suas *boutades* feitas para *épater*, o autor já se definiu como um "cristão ateu").

"Pandemia" não é confuso apenas na forma, mas também no conteúdo. Zizek ora condena o autoritarismo do governo chinês ("Se a China valorizasse a liberdade de expressão, não haveria a crise do coronavírus"), ora defende ações autoritárias, como o confisco pelo Estado da produção de máscaras e outros equipamentos:

"Em tempos de pandemia é preciso um Estado forte, uma vez que medidas de larga escala, como quarentenas, devem ser implementadas com disciplina militar", escreve. "As máscaras deveriam ser simplesmente confiscadas." Certo. E assim ninguém mais produziria máscaras...

Nessa toada, Zizek se aproxima do argumento de que não podemos permitir que a cura seja pior que o problema: "É claro que um país inteiro não pode — o mundo menos ainda — permanecer indefinidamente paralisado".

Se não me engano, um certo presidente foi massacrado por dizer a mesma coisa. (Mas é claro que ninguém vai cancelar

Zizek por isso: porque o que importa na guerra de narrativas não é aquilo que se fala, mas quem fala. Zizek é um queridinho da nova esquerda, *aka* "campo progressista", portanto tem salvo-conduto para escrever a barbaridade que quiser sem ser perturbado por nenhuma milícia lacradora. Depois dá-se um jeito de demonstrar que não foi bem isso que ele quis dizer.)

O duplipensar orwelliano continua: Zizek ora subestima, ora superestima as dimensões da pandemia; ora afirma acreditar que o coronavírus aumentará a solidariedade entre os povos, ora sugere que, ao contrário, a pandemia só servirá para isolá-los; ora defende as liberdades individuais, ora apoia seu cerceamento brutal pelo Estado; ora adverte contra a tentação de enxergar um lado bom na pandemia, ora cede a essa tentação, como se o custo, passado e futuro, em sofrimento e vidas humanas fosse um preço razoável a ser pago pelos seus *insights* como filósofo radical e iconoclasta.

Como é inevitável em um livro escrito às pressas, o autor também abusa dos clichês, do tipo "Agora estamos todos no mesmo barco". Não, não estamos: podemos estar na mesma tempestade, mas em barcos muito diferentes.

Na versão limpinha do comunismo de Zizek, a pandemia tornará as pessoas mais companheiras, isto é, dispostas a sacrificar liberdades individuais em nome do bem-estar comum gerido por um Estado forte. Outra falácia, pois está ocorrendo justamente o contrário: em todo o planeta, Estados e organizações como a OMS — Organização Mundial da Saúde — demonstraram sua incompetência para agir diante do inesperado e falharam miseravelmente.

Zizek defende, ainda, a adoção de uma renda básica universal, ignorando (ou fingindo ignorar) que a proposta já foi defendida pelo neoliberal Milton Friedman 50 anos atrás — e que está em vias de ser implementada por um governo de direita no Brasil.

* * *

Mesmo sendo um marxista, em alguns trechos do livro Zizek se mostra inteligente e até engraçado, capaz de sacadas interessantes. É o caso da análise que faz da aproximação entre a Rússia de Putin e a Turquia de Erdogan — parceria que ele chama de "Putogan". Zizek demonstra de forma convincente de que formas o Putogan representa uma ameaça aos refugiados locais.

"Mas que diabos isso tem a ver com a pandemia?", o leitor deve estar se perguntando. Pois é, nada, a não ser na medida em que todas as coisas estão relacionadas umas com as outras.

Outro raro bom momento do livro é a crítica que o autor faz ao politicamente correto: "Experimente só contar uma piada suja e você imediatamente sentirá a força da censura do politicamente correto", afirma. Se fosse conservador, por escrever algo assim, seguramente Zizek já teria sido cancelado...

Zizek também acerta quando observa que israelenses e palestinos adotaram uma estratégia colaborativa — o que, evidentemente, não tem nada a ver com comunismo — no combate à pandemia. (Ou seja, diante da tragédia, até judeus e palestinos se uniram, mas no Brasil a polarização só se acirrou, com a agenda política do "ódio do bem" fincando raízes e tentando capitalizar o sofrimento da população.)

Por fim, concordo com Zizek quando ele especula que o "novo normal" será muito diferente do normal antigo. Como ele, acredito que algumas mudanças vieram para ficar. Pelo menos até que se descubra uma vacina eficaz, a tendência é o vírus continuar circulando entre nós, fazendo vítimas e impondo novas maneiras de viver e conviver — o que, de novo, não tem nada a ver com comunismo.

* * *

O prefácio à edição brasileira, assinado pelo psicanalista Christian Dunker, merece um comentário à parte. O que importa destacar aqui é que rigorosamente tudo de ruim que Dunker atribui à direita (particularmente ao governo "fascista" de Bolsonaro) foi praticado, muito antes, pela esquerda brasileira.

Vou citar dois exemplos:

1) Dunker fala de "(...) uma divisão social organizada pela produção paranoica de inimigos".

Ora, foi nos governos do PT que os brasileiros foram deliberadamente divididos em "nós" e "eles", transformando em inimigos a abater ("Elites!"; "Coxinhas!", "Fascistas!") todos aqueles que não rezassem pela cartilha lulopetista.

Ou não foi? É preciso reconhecer ao menos isso, para começar a entender a natureza e a força do movimento contrário que essa estratégia perversa produziu (ação e reação é uma lei básica da Física: também o pêndulo da política precisa completar seu ciclo). Caso contrário, o debate se reduz a uma guerra de narrativas desonesta e mentirosa, que já provocou males demais ao país;

2) Dunker escreve, alarmado, que "as vidas errantes e famintas nas ruas das grandes metrópoles brasileiras tornaram-se visíveis e problemáticas".

Ora, é bom que seja assim. Esses milhões de brasileiros sempre existiram, mas ficaram camuflados por décadas — inclusive nos governos do PT, que venderam o discurso triunfalista de que tinham acabado com a miséria (ao mesmo tempo em que os índices de violência disparavam).

Ou seja, a invisibilidade fazia parte do problema: que bom que esses brasileiros se tornaram visíveis e problemáticos, pois só assim eles puderam ser atendidos pelo auxílio emergencial. Mas cabe lembrar que foi preciso um programa de um governo de direita para revelar a existência dessa população, durante décadas ignorada pelas estatísticas.

E, ironicamente, será um governo de direita que implementará o que pode se tornar o maior programa de renda básica universal do planeta. Para o bem e para o mal.

Somente psicopatas comemoram a doença alheia

A NOTÍCIA DE QUE DONALD TRUMP PEGOU COVID-19 A UM MÊS DA ELEIÇÃO americana deixou em polvorosa a turma do "ódio do bem" e a extrema-imprensa. Pelo menos desta vez nenhum jornalista chegou a ponto de escrever um artigo criminoso desejando abertamente a morte do presidente americano, como aconteceu quando Jair Bolsonaro ficou doente.[16] Mas a satisfação foi evidente.

Mal escondendo a torcida abjeta pelo vírus, a grande mídia se apressou a criar uma narrativa esquizofrênica, que pode ser resumida assim: "Trump minimizou a gravidade da pandemia, logo Trump é um genocida que assassinou mais de 200 mil americanos, logo é bem feito que Trump tenha ficado doente". Nas entrelinhas, o "tomara que morra!" é a conclusão evidente — reforçada pela mal disfarçada torcida por um "quadro de saúde mais grave", sugerida em uma das manchetes sobre o assunto de um grande jornal brasileiro.[17]

O mesmo silogismo torto é adotado, por ingenuidade ou má-fé, por todos aqueles que acusam Bolsonaro de ser o responsável direto pelas vítimas da Covid-19 no Brasil. Na cabeça dessas pessoas, o presidente é um genocida que deliberadamente assassinou ou deixou morrer mais de 150 mil brasileiros, por pura maldade ou raiva do povo brasileiro — o mesmo povo que o elegeu...

Aparentemente, essas pessoas acreditam que Bolsonaro envenenou pessoalmente as nascentes dos rios e os reservatórios de água das grandes cidades com o coronavírus, apenas pelo prazer de matar. Inventaram até um nome para esse estilo de governo: necropolítica. (Depois inventaram uma tal de "R-existência". Ô povo criativo...).

Felizmente, é só na cabeça dessas pessoas mesmo: nem que quisesse, Bolsonaro seria capaz de semelhante morticínio, já que — como parece necessário repetir à exaustão — o STF delegou aos governadores o poder de decisão sobre políticas de combate à disseminação do coronavírus. Isso já em meados de abril.[18]

Então qualquer pessoa com um mínimo de honestidade moral e intelectual — e um mínimo de capacidade de interpretação de texto — deve, se estiver insatisfeita com a condução da política de combate à pandemia, responsabilizar o governador de seu estado, não o presidente. Mas pedir coerência já é esperar demais dessa gente.

Ora, no Brasil e nos Estados Unidos, qualquer debate de boa-fé sobre a Covid-19 teria que partir das seguintes premissas:

1: *Nem Trump nem Bolsonaro desejaram a morte de uma pessoa sequer ao longo da pandemia.*

Que interesse eles teriam nisso? O fato é que um e outro foram surpreendidos por uma tragédia imprevisível e de proporções inimagináveis; um e outro tomaram as medidas que julgaram as mais adequadas em cada momento, com base na evolução dos números e nas informações disponíveis; um e outro sopesaram os custos — inclusive em sofrimento e vidas humanas — de uma eventual paralisação radical e prolongada da atividade econômica.

Afirmar que eles agiram com intenção de matar é uma irresponsabilidade e uma tolice. Até porque, já no dia 4 de fevereiro, muito antes da primeira morte por Covid no Brasil, Bolsonaro decretou estado de emergência de saúde pública no território nacional; Trump, por sua vez, proibiu todos os voos da Europa para os Estados Unidos já em 11 de março: na ocasião, um e outro foram criticados — pela esquerda — pelo caráter autoritário das medidas. Trump, aliás, também foi acusado de xenofobia, por medidas de retaliação tomadas contra a China.

É claro que os dois presidentes fizeram suas apostas diante de escolhas difíceis e cometeram erros de avaliação — como todos os gestores públicos em todos os países de todo o planeta, o que é natural em uma situação inédita como a que vivemos. Na Europa, ainda hoje o abre e fecha continua, e países que adotaram políticas muito diferentes apresentaram resultados igualmente ruins (ou bons, dependendo do ponto de vista). Na América Latina, a Argentina, que adotou o lockdown radical e parecia estar no caminho certo no início da pandemia, hoje acumula mais mortes por milhão de habitantes que o Brasil.

Cientistas, por sua vez, mudaram de opinião 459 vezes ao longo dessa tragédia planetária — não por maldade, mas porque enfrentam uma situação desconhecida e estão a reboque dos acontecimentos. Isso explica também por que há estudos científicos para todos os gostos: para quem é contra o *lockdown* e para quem é a favor do *lockdown*; para quem defende o uso da máscara e para quem considera a máscara inútil; para quem acredita que logo haverá uma vacina eficaz e para quem acredita que esse dia nunca chegará.

Mas que motivo teriam Donald Trump, eleito por mais de 62 milhões de votos, e Bolsonaro, eleito por mais de 54 milhões de votos, para comemorar uma só morte por Covid-19? Por que eles teriam ódio do povo que os elegeu? É tão absurdo defender essa tese que chega a ser constrangedor, e, no entanto, é esta a convicção que norteia a narrativa da esquerda e de boa parte da mídia. Sem medo da vergonha alheia, uma e outra não se constrangem em desejar a morte dos dois presidentes.

Vejam a ironia: Trump e Bolsonaro não desejaram a morte de ninguém, mas milhões de pessoas que carimbam todos os dias a palavra "virtuoso" na testa, que se acham "do bem", éticas, justas e moralmente superiores, desejaram abertamente a morte de Trump e Bolsonaro — a ponto de comemorar quando eles ficaram doentes. De que lado estão o ódio e a intolerância?

2: A preocupação dos dois presidentes com os efeitos (trágicos e incalculáveis) da paralisação radical da economia sobre a população, sobretudo sobre os mais desassistidos, era e continua sendo legítima. E os dois presidentes tomaram medidas ousadas para mitigar os efeitos sociais da crise econômica.

No caso do Brasil, basta dizer que, graças ao programa emergencial adotado, a parcela da população abaixo da linha da pobreza *diminuiu*, em plena pandemia — tanto que a popularidade do presidente é hoje superior ao que era antes do coronavírus.

A desigualdade decresceu. Segundo a Fundação Getúlio Vargas, o auxílio emergencial reduziu a pobreza extrema ao menor nível em 40 anos, desde o início da série histórica.[19]

Nesse contexto, acusar o governo de indiferença com os pobres só pode ser entendido como ignorância ou má-fé deliberada. Na melhor das hipóteses, esse equívoco pode ser atribuído em parte ao fato de é que é muito mais fácil contabilizar — e manipular politicamente — as mortes diretamente provocadas pela Covid-19 que aquelas mortes indiretamente provocadas pelo aumento do desemprego, da violência, de doenças que deixaram de ser tratadas, da depressão e outros distúrbios emocionais decorrentes do isolamento social e do desemprego decorrente de uma crise econômica prolongada.

O fato é que, não importa o que façam, Trump e Bolsonaro sempre serão objeto do ódio dos negacionistas de esquerda, que até hoje não assimilaram a vitória nas urnas dos dois presidentes. Para eles a agenda ideológica e o pragmatismo político sempre prevalecerão sobre a verdade e sobre os reais interesses do povo brasileiro.

Porque justamente para eles o povo brasileiro é apenas uma abstração e uma ferramenta, uma entidade sociológica que só apresenta interesse e valor na medida em que se deixa ser usada como escada para a implantação de um projeto de poder.

* * *

Em suma, ainda que você abomine Jair Bolsonaro e Donald Trump — o que é legítimo: procurando bem, você encontrará motivos para abominar *todos* os políticos de *todos* os partidos, de esquerda, centro e direita —, qualquer crítica ou ataque que não considere as duas premissas apresentadas acima será mero (e inútil) exercício de ódio do bem.

Evidentemente, há que considerar também a gravidade e a dimensão da tragédia da pandemia, sem minimizar seu custo em vidas. Mas, ainda hoje, com mais de 160 mil mortos no Brasil e 1,3 milhão de mortos no mundo, há quem acredite que tudo não passa de uma invenção, ou de uma conspiração globalista maligna.

Sem um consenso mínimo, toda e qualquer discussão sobre a Covid-19 também será inútil: um diálogo de surdos entre aqueles que acham que o presidente é um genocida e aqueles que têm a convicção de que ninguém morre de Covid-19. (Normalmente essa convicção termina quando o vírus leva algum ente querido, já vi acontecer; mas os negacionistas que minimizam a gravidade da pandemia pelo menos não desejam a morte de ninguém.)

Eu, pessoalmente, defendi o isolamento planejado e o uso de máscara como medidas necessárias para diminuir o ritmo do contágio (e, portanto, das mortes), bem como para desafogar os hospitais e para achatar a curva de casos e óbitos, com o objetivo de ganhar tempo, enquanto não chega uma vacina ou uma medicação de eficácia comprovada.

Obviamente, o isolamento social é apenas uma maneira de mitigar danos, porque quarentena e máscara não curam, apenas previnem. Mas alguém acredita sinceramente que o Brasil teria ficado imune à tragédia, que ninguém teria morrido de Covid-19 se o presidente fosse de esquerda e tivesse imposto um *lockdown* radical no país? A Argentina foi por esse caminho e está pagando um preço elevado: apesar de terem tomado medidas radicais, hoje a taxa de mortes por milhão de habitantes naquele país já ultrapassou a do Brasil.

Ainda que, com uma frequência assustadora, atitudes do presidente possam irritar pela má-educação ou pelo mau exemplo, não se pode ser irresponsável a ponto de jogar no seu colo a culpa pelas mortes. Desejar que ele próprio morra ou fique gravemente doente é apenas um sintoma de psicopatia e falta de caráter.

Sim, "psicopatia" é a palavra: porque somente psicopatas se comprazem com o sofrimento alheio ou torcem para que adversários — à esquerda ou à direita, na política ou fora dela — adoeçam e morram.

* * *

Mas não é apenas um sinal de deficiência de caráter e distúrbio psíquico desejar a morte de Bolsonaro ou Trump. É um erro estratégico, no qual incorrem reiteradamente a grande mídia, a oposição em geral, a esquerda em particular e, mais particularmente ainda, os intelectuais (como os acadêmicos que adoram inventar neologismos como "necropolítica" e "r-existência") e artistas (como o ator global que lamentou em uma *live* que a facada de Adélio não tenha matado Bolsonaro).

Já há bastante tempo a grande mídia entrou em crise de identidade e está pagando um preço alto por isso. Aqueles que a detestavam continuam a detestar, mas muitos daqueles que a respeitavam passaram a desprezá-la; não por simples discordância, mas pela percepção de que os grandes jornais estão perdendo o seu maior capital: a credibilidade e a confiança do leitor. Hoje nem o horóscopo diário está livre de um viés ideológico.

Teimar na narrativa enviesada que atribui ao presidente, nas linhas ou entrelinhas, a decisão deliberada de matar ou deixar morrer dezenas de milhares de brasileiros, como fazem os grandes jornais, não é apenas uma desonestidade: é também uma burrice. Até porque, quanto mais esperneiam, mais a popularidade de Bolsonaro aumenta: segundo pesquisa divulgada pelo PoderData, no início de outubro o Governo era aprovado por 52% e desaprovado por 42% dos brasileiros.[20]

"*Ain*, mas a popularidade de Bolsonaro aumentou por causa do auxílio emergencial.". Óbvio, da mesma forma que a popularidade de Lula, sobretudo no Nordeste, sempre esteve diretamente associada ao assistencialismo e ao Bolsa Família.

Mas é claro que não é só isso, como não era só isso no caso de Lula: tanto quanto o lulismo, o bolsonarismo tem raízes muito profundas no inconsciente coletivo da nação. Discurso lacrador algum vai convencer um eleitor sequer de Bolsonaro a deixar de apoiar o presidente.

Em vez de tentar entender o que acontece no Brasil real, o chamado campo progressista insiste em esbravejar, em tom de superioridade moral, seu discurso de ódio travestido de defesa da democracia. Enclausurado na bolha da mídia e da academia, a esquerda prega apenas para os convertidos, apesar das evidências de que a narrativa de intolerância reversa não está convencendo ninguém. Ao contrário, pode estar até fortalecendo o presidente (e fragilizando cada vez mais a credibilidade do jornalismo, diga-se de passagem).

A mesma prática foi adotada pela oposição a Donald Trump, quando atribuiu a ele a responsabilidade pelas mortes por Covid-19 — e quando comemorou, abertamente ou nas entrelinhas, o fato de ele ter adoecido.

Lá, a estratégia acabou funcionando, já que Joe Biden foi eleito. Mas os problemas de Biden apenas começaram: já há quem torça, entre os virtuosos das redes sociais, para que o novo presidente, hoje com 78 anos, morra antes de completar o mandato, para que a vice Kamala Harris assuma a presidência. Ou seja, da mesma forma que quem votou em Dilma em 2014 acabou elegendo Michel Temer, quem votou em Biden em 2020 pode acabar elegendo Kamala.

Quando teve alta e saiu do hospital, Donald Trump postou no Twitter uma mensagem que incluía a seguinte frase: "Não deixe a Covid dominar sua vida".

Em tempos de polarização extrema, a frase também pode ser aplicada a outras formas de patologia — por exemplo, a paixão política que cega e emburrece. Como escreveu Nelson Rodrigues, não há "nada mais cretino e mais cretinizante do que a paixão política. É a única paixão sem grandeza, a única que é capaz de imbecilizar o homem".

Então meu conselho é: não importa de que lado você esteja, nunca deixe a paixão política dominar sua vida e interferir nas suas relações com parentes e amigos — pelo menos não a ponto de transformar você em um psicopata que deseja e festeja a doença e a morte de alguém.

Os paranoicos e os kamikazes

NÃO CANSO DE ME ASSOMBRAR COM A CONVICÇÃO DAS PESSOAS EM RELAÇÃO ao coronavírus. Queria ter essa capacidade de acreditar que existe um caminho inequívoco a seguir em meio à peste, como tanta gente acredita. Porque, para mim, se uma coisa ficou clara desde que tudo começou, é que não dá para ter certeza de nada.

No subconsciente das pessoas, existe um anseio enorme por algo que possa funcionar, daí a convicção quase feroz com que se agarram a esta ou aquela esperança. Mas o fato é que, passado um ano desde o aparecimento do vírus, a ciência ainda não foi capaz de dar uma resposta satisfatória. Não se tem sequer certeza de que pegar o vírus imuniza — o que sinaliza que ainda levará tempo para se chegar a uma vacina, se é que haverá uma vacina realmente eficaz.

Médicos e cientistas, políticos e economistas, jornalistas e meros palpiteiros não param de bater cabeça. Estamos nos debatendo em meio a um mar de informações e opiniões contraditórias, e não há consenso à vista. No fim das contas, tudo se resume a escolher em que e em quem acreditar: procurando direitinho, todos encontrarão médicos e estudos científicos que fundamentem a sua escolha. Houve até quem garantisse de pés juntos que o vírus não sobreviveria ao calor, lembram? Pois é.

Ficar confinado em casa até quando? Máscaras funcionam ou são inúteis? E luvas? O sistema de saúde vai colapsar? Já colapsou? A cloroquina é eficaz? Isolamento vertical, horizontal ou nenhum isolamento? O custo de manter o comércio fechado será maior que o custo de uma disseminação mais rápida do vírus? Devemos abrir mão de certas liberdades para não colocar em risco a vida dos outros?

Não acho que sejam questões fáceis de responder. Há quem foque na saúde, com o argumento de que, se o comércio reabrir, vai morrer mais gente, porque o vírus vai se espalhar mais depressa, e o sistema hospitalar não vai dar conta. E há quem foque na repercussão econômica do isolamento, com o argumento de que, se continuarmos em casa, o aumento do desemprego e da violência fará morrer muito mais gente lá na frente. Mas o que fazer quando se concorda com os dois argumentos?

Vivemos em uma espécie de Ardil 22: todos devem ficar confinados até o vírus desaparecer, mas se ficarmos confinados o vírus não desaparecerá, porque só vai desaparecer quando houver imunidade de rebanho, mas para isso é preciso que as pessoas circulem.

Para aumentar a imunidade, convém praticar esportes e ter uma vida saudável, mas como praticar esportes se estamos confinados em casa? Devemos evitar contato com os idosos para protegê-los, mas como cuidaremos deles, se não tivermos contato?

É mais ou menos como diz um texto que circula nas redes sociais: "Não temos tratamento, mas talvez exista um tratamento que aparentemente não é perigoso e funciona, mas na realidade não, ou sim, talvez tenha apenas dado bons resultados em alguns, mas não em todos, por isso temos tratamento, mas não, não temos". É de enlouquecer.

Claro, sempre aparece alguém que tem um tio ou uma amiga que se curou adotando este ou aquele protocolo, e não duvido. Mas haverá também pacientes que morreram com o mesmo tratamento.

Em muitos municípios o uso de máscara se tornou obrigatório, mas o que mais se viu e se vê nas ruas é gente sem máscara. Mesmo em cidades onde foram adotadas medidas mais rigorosas, como São Paulo, a taxa de isolamento mal chegou a 50%.

Os casos aumentaram porque o isolamento não adianta? Ou porque o isolamento não foi feito da forma adequada? É impossível saber. Enquanto se discute, milhares de pessoas continuam a adoecer e morrer, em uma loteria macabra.

Para piorar as coisas, a politização da pandemia continua a dividir os brasileiros: há quem chame o presidente de genocida, há quem chame o governador de São Paulo de "Ditadória", há até quem torça pelo vírus, talvez na expectativa de que o caos favoreça o retorno de um certo grupo ao poder (*"Hasta la victoria, coronga!"*, uma blogueira chegou a postar).

Há também os justiceiros sociais que acham revoltante algumas pessoas precisarem trabalhar na rua enquanto outras podem ficar em casa. Ok, mas que solução eles propõem? Impedir de trabalhar na rua quem precisa? Ou obrigar quem pode ficar em casa a ir para a rua?

O vírus da intolerância também se espalha depressa. Em vez de desarmar os espíritos e unir os brasileiros em torno de um objetivo comum, como muitos previam, a pandemia está acirrando ódios. Citando Otto Lara Resende, Nelson Rodrigues escreveu que o brasileiro só é solidário no câncer, sugerindo que somos capazes de superar nossas diferenças em questões de saúde. Mas nem isso somos mais.

Curiosamente, todos parecem compartilhar uma crença: a de que o vírus passará, e tudo voltará ao normal. Afinal de contas, a humanidade já superou outras pandemias. A má notícia é: talvez tenhamos simplesmente que aprender a conviver por muito tempo com o corona, como convivemos com o vírus da gripe sazonal.

Isso significa que, mesmo que as coisas melhorem, talvez nunca voltem a ser 100% como eram antes. Podemos ter que nos despedir para sempre do mundo como o conhecíamos: vai ter menos dinheiro, menos trabalho e menos abraço. Menos cinema, menos festa e menos barzinho lotado.

* * *

O distanciamento social pode nos obrigar a reinventar o modo como vivemos e nos relacionamos.

Nesse cenário, sujeito a novas e periódicas ondas de contágio e medidas restritivas, a sociedade pode se dividir em dois grupos: os *paranoicos* e os *kamikazes*.

Enquanto persistir o risco de pegar um vírus altamente contagioso e potencialmente mortal, os paranoicos continuarão evitando sair de casa, tanto quanto possível. Viverão acuados, e para eles a máscara e o álcool em gel vieram para ficar.

Já os kamikazes farão de conta que não há risco algum em aglomerações e se comportarão como antes do vírus. Aliás, já há quem faça isso, indo a baladas, *raves* e bailes clandestinos, como se nada estivesse acontecendo, como se nada tivesse acontecido.

Paranoicos e kamikazes se tratarão com desconfiança — por enxergarem uns nos outros a ameaça ou a lembrança da morte. Isso já se percebe na maneira torta como, nas ruas, quem usa máscara olha para quem não usa, e vice-versa.

Os kamikazes poderão acelerar o processo de imunização por rebanho, e muitos podem ficar pelo caminho. Mas paranoicos também vão morrer, ainda que tomem todos os cuidados, sigam todas as regras e sacrifiquem muita coisa, inclusive suas liberdades.

Para os kamikazes, o medo assumirá a forma da negação; para os paranoicos, a forma do exagero.

Enquanto não houver cura ou vacina, encontrar o equilíbrio entre o exagero paranoico que impede de viver e a negação suicida que ignora riscos será o grande desafio. Mas o vírus continuará indiferente às nossas angústias e convicções. Não há garantia de nada. O futuro chegou e ainda pode durar muito tempo.

A vida depois do vírus: reflexões sobre o primeiro ano da pandemia

EU ME LEMBRO DE TER VISTO UM MEME, LOGO NO COMEÇO DA PANDEMIA, NO qual um viajante do tempo, vindo do futuro, trava o seguinte diálogo com uma pessoa qualquer:

— Em que ano estamos?
— 2020.
— Humm... Ainda no primeiro ano da pandemia...

Mas o que parecia uma piada de humor negro — supor que a Covid-19 duraria mais que um ano e se prologaria 2021 adentro — está virando realidade. O cômico já virou trágico: no momento em que escrevo, estamos nos aproximando do fim de 2020, e a pandemia de Covid-19 ainda está longe de ser compreendida, que dirá superada. Uma segunda onda aflige a Europa já dá sinais de que também acontecerá no Brasil.

Ainda não se sabe ao certo sequer se pegar o vírus imuniza, e por quanto tempo, nem quais são as possíveis sequelas a longo prazo. A expectativa de começarmos 2021 livres desse problema agora parece ingênua e otimista, e há quem diga que isolamentos sociais intermitentes continuarão sendo necessários até

2022. Ou não. Porque, no fundo, ninguém tem certeza de nada. Mas, em meio à segunda onda que atinge com força os países europeus e às incertezas sobre os prazos e a real eficácia das vacinas, fica difícil acreditar em uma solução a curto prazo.

Convém adequar as expectativas à realidade, porque, salvo na cabeça dos negacionistas, que acham que conspiradores fraudaram os atestados de óbito de 150 mil pessoas (isso só no Brasil) por pura maldade, não há perspectiva de retorno rápido à antiga normalidade — se é que um dia as coisas voltarão a ser como eram.

Por outro lado, a sensação de pânico e descontrole está se atenuando, em parte por um compreensível e humano cansaço, em parte porque alguns dados sugerem que a segunda onda será menos letal que a primeira. As curvas de casos no planeta voltaram a aumentar e bater recordes, o que está levando países europeus a adotar novas medidas restritivas, mas as curvas de mortes parecem não estar acompanhando o ritmo da primeira onda e apresentam uma certa estabilidade.[21]

* * *

Pode ser um bom momento para voltarmos mais uma vez os olhos para o passado e perguntar: como foi que a Gripe Espanhola de 1918/1919 terminou?

Como se sabe, a pior pandemia do século 20 infectou mais de 500 milhões de pessoas e matou pelo menos 50 milhões, em uma época na qual a população do planeta era de cerca de 2 bilhões de pessoas. No Brasil, estima-se o total de mortes em 35 mil, sendo 15 mil só na cidade do Rio de Janeiro. A Gripe causou mais mortes dos que os campos de batalha da Primeira Guerra. Mas um dia ela passou — e sem vacina.

Pode ser percebido como uma boa notícia o fato de que, se no caso da Gripe Espanhola a segunda onda foi muito mais letal que a primeira, parece que a atual pandemia não está seguindo o mesmo padrão. Por outro lado, a Espanhola teve três ondas: em 1920, mais de dois anos após o registro dos primeiros casos, um terceiro surto ceifou milhares de vidas.

Não parece absurdo, portanto, avaliar que, sem vacina ou medicação eficaz, o coronavírus ainda ficará um bom tempo circulando entre nós, e talvez historiadores do futuro, como o viajante do tempo do meme, falem sobre o segundo ou mesmo o terceiro ano da pandemia.

Mas como terminou a Gripe Espanhola?

Aliás a Gripe não começou na Espanha, mas provavelmente nos Estados Unidos; virou "espanhola" porque, como a Espanha era um país neutro na Grande Guerra, não censurava as notícias sobre a estranha gripe que matava pessoas aos montes, em poucos dias.

Parece haver um consenso entre cientistas em torno da tese de que aquela pandemia terminou mesmo em razão da "imunização de rebanho", que impediu o vírus de continuar se espalhando, por falta de hospedeiros. E o fato de o vírus da Espanhola ser mais letal que o da Covid-19 pode ter acelerado esse processo, ou seja: uma pandemia menos letal pode demorar mais tempo para passar.

Mesmo assim, a Espanhola só terminou depois que um terço da população mundial teve contato com o vírus. Houve a segunda onda (pior que a primeira) e a terceira onda, mais fraca, já em 1920. A Covid-19 pode seguir o mesmo padrão?

Hoje a população do planeta é de 7,6 bilhões de pessoas. Segundo os registros oficiais, apenas cerca de 48 milhões já foram contaminados — ou seja, menos de 1% dos habitantes da Terra.

Grosso modo, por uma regra de três simples (pelo menos na matemática convencional, que aliás vem sendo acusada de fascista e racista), se 1% de contaminados produziu 1,2 milhão de mortes, e se tivermos que esperar o contágio de um terço da população para alcançar a imunidade de rebanho, o custo em mortes da pandemia pode ser de absurdos 40 milhões. E ainda haverá quem minimize a gravidade da doença.

Atenção: isso não é uma previsão catastrofista, é uma projeção matemática com base em uma *hipótese*. Evidentemente, não estou afirmando que vai acontecer. E torço para que descubram uma vacina ou medicação eficaz que encerre amanhã, se possível, essa página maldita da história. O que estou dizendo é que, se os números oficiais estiverem corretos, e menos de 1% da população atual do planeta tiver sido contaminada pelo novo coronavírus, continuará havendo motivos para apreensão.

No momento em que escrevo, o *site* "worldometers.info/coronavirus" registra cerca de 57 milhões de casos no mundo inteiro (em uma população, repito, de 7,6 bilhões de pessoas). Isso após quase 10 meses de quarentenas, *lockdowns* e outras medidas variadas de isolamento social, em diferentes países. Mesmo que haja subnotificação e que o número real de infectados seja cinco vezes maior, ou dez vezes maior, ainda vai demorar muito para atingirmos a tal imunidade de rebanho.

Nesse contexto, não haverá muito que fazer além de mitigar danos e administrar o ritmo de surgimento de novos casos e mortes. Teremos que deixar a natureza seguir seu curso e aprender a conviver com o vírus: máscaras, álcool em gel e regras de distanciamento ainda farão parte do cotidiano do planeta por um bom tempo. O desafio será conciliar esse "novo normal" com a necessidade de trabalhar, estudar e gerar riqueza. Mas, hoje, até a Organização Mundial de Saúde reconhece que a economia não pode parar.

* * *

Por outro lado, é igualmente preocupante constatar que uma parte da população não está nem aí: são as pessoas que, por se sentirem seguras, se mostram indiferentes aos mais vulneráveis.

Não estou falando de quem não pode se dar ao luxo de ficar em casa porque precisa trabalhar e levar comida para casa, mas daqueles que, sem precisar, buscam as aglomerações em festas, praias e bares e se comportam como se não houvesse amanhã, ignorando deliberadamente os riscos de transmissão. Outro meme que vi esses dias traduz à perfeição essa falta de empatia daqueles que se recusam a fazer qualquer sacrifício para proteger o próximo: mostra o Batman embolachando Robin por ele não levar a sério a pandemia:

Robin: "Eu sou jovem e saudável..."

Batman: "Você vai matar o Alfred, sua besta!"

Para quem não sabe, Alfred é o mordomo já idoso que trabalha na mansão de Bruce Wayne, o Batman, e seu pupilo Dick Grayson (*aka* Robin, "o menino prodígio").

Os jovens que estão lotando bares, festas de música eletrônica e bailes funk podem de fato se sentir seguros, já que as chances de desenvolver complicações são estatisticamente remotas para eles. Mas nem sequer lhes ocorre pensar que, ao levar o vírus para casa, mesmo sendo assintomáticos, podem contaminar e condenar à morte seus pais, avós e outras pessoas vulneráveis. Ou seja, não estão nem aí para o Alfred.

* * *

No fim de setembro, a CNN entrevistou três estudiosos da Gripe Espanhola para colher suas impressões sobre a pandemia: o historiador John M. Barry, autor do livro "A Grande Gripe — A história da pandemia mais mortal de todos os tempos", recentemente lançado no Brasil; o médico Jeremy Brown, autor de "Influenza — A caçada de 100 anos para curar a doença mais mortal da história"; e a jornalista Gina Kolata, repórter de ciência e medicina do jornal "The New York Times" e autora de "Gripe — A história da grande pandemia de Influenza de 1918 e a busca pelo vírus que a causou".

Trazendo boas e más notícias, alimentando algumas esperanças e outros tantos medos, os três especialistas fizeram analogias entre a Gripe Espanhola que eclodiu em 1918 e a pandemia de Covid-19 de 2020. O mesmo questionário foi apresentado aos três, e uma das perguntas a que eles responderam foi a seguinte:

"Dado o que você sabe sobre a Gripe de 1918, com o que você está particularmente preocupado agora?"

Barry respondeu estar preocupado com as sequelas invisíveis da Covid-19, já que existem sinais de que o vírus pode causar danos permanentes ao coração e aos pulmões dos infectados, mesmo quando são assintomáticos — danos que poderão afetar a vida deles daqui a 10 ou 15 anos.

Kolata manifestou preocupação com as pessoas que perderam tudo e não têm o suficiente sequer para comer; com as consequências graves da paralisação prolongada da atividade econômica; e com a geração perdida de estudantes, que se formam e não encontram emprego.

Mas a resposta que mais me impressionou foi a de Brown:

"Estou mais preocupado com o egoísmo das pessoas que têm

esse pensamento: 'Se eu estou bem, isso é tudo que importa'. A mensagem que vimos nessa pandemia é que as pessoas são egoístas em um grau notável, como nunca vimos antes. O egoísmo, a incapacidade de ter empatia por outras pessoas que não são como elas, é um dos aspectos muito, muito preocupantes que a doença destacou".

Concordo totalmente.

Negacionismo de esquerda

NOS ÚLTIMOS MESES, A PALAVRA "NEGACIONISMO" TEM SIDO ASSOCIADA ÀS pessoas que minimizam ou negam a gravidade da pandemia de Covid-19 no Brasil, apesar de já termos ultrapassado 150 mil mortes. A negação é um mecanismo psicológico de defesa que todos empregamos em algum momento e em alguma medida na vida, como forma de escapar de uma realidade desconfortável ou de um sofrimento insuportável: foi o próprio Freud quem descreveu, em um texto de 1925 ("A negação"), essa atitude inconsciente de fuga diante de fatos mais dolorosos do que somos capazes de aguentar. A percepção da fragilidade da vida imposta pelo coronavírus desperta esse mecanismo em muitas pessoas.

Mas outra forma de negacionismo já vinha sendo praticada diariamente pelo campo da esquerda desde muito antes do início da pandemia (para ser mais preciso, desde o dia 28/10/2018, data do segundo turno da eleição): a recusa a aceitar o fato de que Jair Bolsonaro é o presidente legitimamente eleito, escolhido livremente pela maioria dos eleitores (quase 58 milhões), sobretudo das camadas populares da sociedade (o que é ainda mais difícil de engolir). Como esse é um fato doloroso demais para a esquerda, ela opta por negá-lo.

Dessa forma, se os negacionistas da Covid-19 minimizam a doença, os negacionistas da esquerda *mimimizam* toda e qualquer decisão do governo democraticamente eleito, mesmo aquelas que beneficiam a população mais carente. Passados dois anos da posse de Bolsonaro, eles continuam apostando em uma narrativa esquizofrênica segundo o qual vivemos em uma ditadura fascista comandada por um genocida, que está no poder contra a vontade de 70% dos brasileiros ("Somos 70%, mas não sabemos fazer conta!").

Para esse campo, predominantemente de elite ou de classe média e entrincheirado no cercadinho ideológico da universidade e da grande mídia, a divulgação de cada pesquisa de popularidade do governo deve ser um balde de água fria. Bolsonaro não só apresenta números consistentes e constantes como apareceu em primeiro lugar em todas as simulações para a eleição de 2022.

Isso deveria disparar o alarme na oposição, pois alguma coisa de errado estão fazendo: se, com tantas falhas cometidas pelo governo, tanta sabotagem da oposição, tanto espancamento na mídia, tanto STF e tanta torcida contra, Bolsonaro continua confortavelmente na frente na preferência do eleitorado, talvez fosse o caso de mudar de estratégia, não?

Mas o impulso negacionista é mais forte: se os fatos contrariam as convicções, danem-se os fatos. É mais fácil ver gente desqualificando os institutos de pesquisa (ou mesmo dizendo que as pesquisas são falsas) do que encontrar alguém de esquerda disposto a aceitar que Bolsonaro conserva uma imensa base de apoio popular, que ainda faz dele, mesmo em pleno contexto de pandemia e crise econômica, o favorito na eleição de 2022.

E assim a bolha (grande mídia, universidades, políticos de esquerda, intelectuais e artistas, classe média doutrinada, militantes profissionais) teima em aumentar o abismo entre o seu discurso e o Brasil real, agarrando-se desesperadamente a qualquer notícia que reforce suas convicções e sua visão neurótica do mundo.

E vale tudo nesse processo: a obsessão em abreviar o governo eleito já ultrapassou os limites da decência, a ponto de um jornalista ter escrito — e um grande jornal ter publicado, o que é mais grave — um artigo desejando a morte do presidente. (E ficou por isso mesmo; mas imaginem o escarcéu que a própria mídia faria se, nos governos do PT, um jornalista desejasse em público a morte de Lula ou Dilma. Pois é.)

Não foram poucos os negacionistas que, nas redes sociais, manifestaram abertamente o mesmo desejo imoral e doentio — da mesma forma que lamentaram, ainda durante a campanha, que Adélio tão tenha conseguido assassinar Bolsonaro a facadas. E é gente assim que se julga portadora do monopólio da virtude e do direito de representar os pobres.

Trago más notícias para esses negacionistas. A primeira: Bolsonaro não foi eleito pelas elites: foram as camadas mais populares da sociedade que o elegeram, não os justiceiros sociais praticantes do "ódio do bem". A segunda: o tempo está demonstrando que o bolsonarismo é um fenômeno sociológico que tem raízes profundas no inconsciente coletivo dos brasileiros — ao menos tão profundas quanto as do lulismo. Não será pela via da reiteração desesperada de slogans antifascistas que esse fenômeno será superado.

A oposição a Bolsonaro padece do mesmo mal que enfraqueceu a oposição aos governos do PT: fazer da negação a sua pauta principal, em vez de construir e apresentar a sua própria agenda. Da mesma forma que o antilulismo somente reforçava a convicção dos lulistas, o antibolsonarismo só reforça a convicção dos apoiadores do presidente.

Se, ao longo de quatro eleições seguidas, nada foi capaz de dissuadir os eleitores convictos do PT — nem mesmo os escândalos de corrupção, do Mensalão ao Petrolão, que custaram bilhões de reais ao povo brasileiro —, não se pode esperar que denúncias muito menos graves surtam algum efeito na base do eleitorado leal a Bolsonaro.

Ao contrário: à medida que a má-fé e a apelação de muitas denúncias ficam evidentes, o efeito acaba sendo o contrário ao esperado. Chega uma hora em que a má vontade da grande mídia é tão gritante que seu discurso acaba "espanando a rosca": mesmo espectadores menos escolarizados percebem o truque e sentem que estão tentando manipulá-los e enganá-los. Daí a resiliência de Bolsonaro.

Outra premissa falsa da oposição ao atual governo é que todos os eleitores de Bolsonaro gostam dele e concordam com tudo que ele faz ou fala. Não é assim que funciona. Uma parcela significativa do eleitorado que votou no presidente o considera tosco, intelectualmente limitado, preconceituoso etc. — mas votou nele mesmo assim, pelo simples fato de considerá-lo menos pior que a volta do PT ao poder.

(Eu, pessoalmente, já adotei há muito tempo como filosofia — seja em eleições municipais, estaduais ou para presidente — votar no candidato menos pior, por péssimo que ele seja. Sou contra o voto em branco adotado por aqueles que querem ficar com a consciência limpinha: omitir-se é sempre a pior escolha. Não votar no candidato menos pior não te livrará das consequências da eleição do pior.)

Terceira má notícia para os negacionistas: por causa do auxílio emergencial, a pobreza extrema no Brasil foi reduzida ao menor patamar em mais de 40 anos. O que é natural: com quase metade da população recebendo a ajuda, a proporção de pessoas vivendo abaixo da linha de extrema pobreza diminuiu drasticamente. A depender da evolução da pandemia, pode haver mais prorrogações do auxílio, ao mesmo tempo que se arremata o formato de um novo programa de renda básica universal permanente, que substituirá o Bolsa Família

(Por que isso é uma má notícia para a oposição? Porque o voto dos pobres é pragmático, não é ideológico. Com a consolidação de um programa de renda básica mais abrangente e eficaz que o Bolsa Família, a esquerda perde o monopólio da capitalização eleitoral da pobreza. Já está acontecendo: a cada pesquisa cresce no Nordeste a aprovação a Bolsonaro.)

No segundo turno de 2018, Bolsonaro teve 57.797.847 votos (55,12%). Alguém acredita honestamente que algum desses eleitores votará em um candidato de esquerda em 2022? Pode até acontecer, mas será um número residual: se Bolsonaro perder votos, estes dificilmente migrarão para a esquerda, devendo ir para o centro e para candidatos mais moderados (o próprio Sergio Moro surge como um herdeiro potencial desses votos, apesar da ruptura com o presidente).

Por tudo isso, por mais que a bolha acadêmica e midiática tente desesperadamente te convencer (ou convencer a si própria) do contrário, a verdade é que, apesar de todos os problemas, as perspectivas são positivas para Bolsonaro em 2022. E podem melhorar ainda mais, se o Governo investir na educação, e não apenas no assistencialismo, como ferramenta de redução da desigualdade. Mas vão melhorar, sobretudo, se a esquerda insistir no seu negacionismo, na narrativa do "nós contra eles", na prática cotidiana do "ódio do bem" e na defesa de pautas que a maioria da população brasileira claramente rejeita.

O filme do vandalismo já passou

A HISTÓRIA RECENTE MOSTRA QUE APOSTAR NO VANDALISMO NÃO É UM BOM negócio para a esquerda. Mas, pela evolução dos acontecimentos, parece que a memória é curta: nas primeiras semanas de junho, voltaram ao noticiário cenas de destruição e violência nas manifestações convocadas pela oposição: agências bancárias depredadas, vitrines quebradas, barricadas improvisadas com pneus queimados, paus e pedras atirados contra a polícia.

O roteiro era previsível: o protesto começou pacificamente mas, mal escureceu, teve início a barbárie na capital paulista. O mesmo já tinha acontecido em Curitiba, na semana anterior, quando bandeiras do Brasil foram queimadas (eles nem disfarçam o ódio aos símbolos da pátria).

Ainda que esses protestos tenham sido bastante modestos em número de participantes, ao que tudo indicava eram ensaios para uma reprise das manifestações que colocaram o país de pernas para o ar em junho de 2013. O que suscita algumas perguntas.

A primeira pergunta é: quem saiu perdendo com as chamadas "jornadas de junho"?

Para responder a elas é preciso voltar um pouco no tempo. Em maio de 2013, a então presidente Dilma Rousseff não tinha do que reclamar. Os indicadores econômicos eram positivos. Se o crescimento era modesto, o baixo desemprego e políticas como a valorização real do salário mínimo garantiam uma popularidade elevada: uma pesquisa do Ibope divulgada em março daquele ano dava ao governo 63% de aprovação.

Pode-se argumentar que aquela era uma situação artificial, e que as crises econômica e política já estavam encomendadas e contratadas, o que é verdade. Mas o fato é que, *naquele momento*, o Governo Dilma, ainda em seu primeiro mandato, voava em céu de brigadeiro.

Em 2013, ainda não existia a Operação Lava-Jato, e ninguém sequer cogitava que Lula acabaria preso. Naquele contexto, a cúpula do PT acalentava um sonho: chegar ao fim de 2014 com Dilma reeleita, Fernando Haddad prefeito (ele tinha sido eleito em 2012) e um petista governando o estado de São Paulo. Ocupando ao mesmo tempo a prefeitura da maior cidade do país, o governo do maior estado e a presidência da República (a tríplice coroa), o PT estaria pronto para levar adiante seu projeto de perpetuação no poder — preparando o terreno, quem sabe, para a volta de Lula na eleição de 2018.

Foi aí que alguém no campo governista teve uma ideia brilhante. Para conquistar a tríplice coroa, era preciso desestabilizar o governo tucano de São Paulo e, dessa forma, garantir a conquista do poder no principal estado do país na eleição de 2014.

Começaram então os protestos, com o apoio velado (ou não tão velado) do campo esquerdista. Invariavelmente, esses eventos acabavam em pancadaria, mas os únicos responsabilizados por estragar as "festas da democracia" — era assim que o noticiário da grande mídia descrevia as manifestações que transformavam as ruas em verdadeiras praças de guerra — eram o governador de São Paulo e a polícia.

O FILME DO VANDALISMO JÁ PASSOU

Nem é preciso fazer um grande esforço de memória para lembrar que, em sua primeira fase, as manifestações tinham um claro viés pró-petista. De forma quase escandalosa, e sempre com apoio da mídia, os protestos centravam fogo em Alckmin e poupavam claramente Haddad (que também tinha majorado a tarifa dos transportes públicos, coisa que ninguém citava). Logo ficaria claro que os protestos, cada vez mais violentos, não eram mesmo pelos 20 centavos, tanto que o vandalismo continuou mesmo depois da revogação do reajuste.

Até ali, o roteiro estava sendo encenado conforme o previsto, graças em parte à inépcia da PM paulista em lidar com a situação.

Mas ocorreu algo inesperado: as ruas saíram do controle, e o plano maligno se voltou contra os seus criadores, tal qual um vírus de laboratório que escapa de um tubo de ensaio de um laboratório na China e se espalha de forma descontrolada pelo planeta.

Os protestos passaram a dar vazão a uma insatisfação represada, até ali invisível, com o governo de Dilma Rousseff, jogando por terra a imagem do país cor-de-rosa que se vendia para a população.

A partir daquele momento, a popularidade da "presidenta" só fez despencar: em dezembro de 2013 uma nova pesquisa registrava que apenas 20% dos brasileiros consideravam seu governo ótimo ou bom; para 43%, era ruim ou péssimo.

(Sim, Dilma acabou sendo reeleita, mas foi uma vitória de Pirro: incapaz de cumprir as promessas de campanha e com a economia do país destroçada, seu segundo mandato não chegou à metade, inviabilizado por imensas manifestações de rua em 2016 — estas, sim, pacíficas, sem uma vitrine quebrada sequer.)

Não parece absurdo afirmar que o inferno astral de Dilma começou quando os *black blocs* entraram em cena, nas jornadas de junho. Até aquele momento, os brasileiros comuns nunca tinham ouvido falar em *black blocs*, diga-se de passagem. Logo entenderiam quem eles eram, o que eles queriam e a serviço de quem eles estavam.

A segunda pergunta é: se os protestos contra Bolsonaro ficarem associados ao vandalismo, quem sairá ganhando?

Porque, não se iluda, o alvo é um só: todas as bandeiras alardeadas pela turma que se julga "do bem" — defesa da democracia, combate às queimadas, antifascismo, apoio a minorias etc — são mero pretexto para angariar o apoio de inocentes úteis para sabotar o presidente; o único objetivo é derrubar ou pelo menos enfraquecer Bolsonaro, e para isso todos os meios são válidos.

A resposta é óbvia: o maior beneficiado será o próprio Bolsonaro. Pode ser muito difícil para a oposição entender isso, mas a imensa maioria da população brasileira quer segurança, paz e ordem. As classes populares que elegeram Bolsonaro — ou alguém acredita que ele foi eleito pelas elites? — rejeitam o caos e a violência, e não é difícil entender por quê.

Ao contrário dos jovens de classe média que adoram brincar de revolução e depois voltar para o conforto de um lar burguês, os trabalhadores sabem que, se depredarem um ônibus, não terão transporte no dia seguinte; se destruírem uma agência bancária, não terão como sacar dinheiro; se saquearem um supermercado, não terão onde comprar comida.

Black blocs podem encantar os ativistas de sofá, os Antifas das redes sociais e a juventude rebelde, os esquerdistas de butique dos bairros nobres das grandes capitais; mas, para o povão, eles são apenas arruaceiros: gente mascarada que quebra, depreda e destrói tudo que vê pela frente. E podem, eventualmente, acabar matando alguém.

O símbolo dos Antifas é muito parecido, aliás, com o símbolo dos *black blocs*: ambos mostram uma bandeira preta com o mastro na diagonal, dentro de um círculo de bordas também pretas. Coincidência?

* * *

Assistir ao noticiário nas primeiras semanas de junho foi como fazer uma desagradável viagem no tempo: não eram só as imagens de quebra-quebra que pareciam as mesmas de 2013, mas também as falas dos jornalistas e comentaristas no noticiário, insistentemente repetidas, eram idênticas. Enquanto se mostravam ruas destruídas, caçambas de lixo queimadas e trincheiras improvisadas, eles repetiam a cada dois minutos que as manifestações tinham sido pacíficas, verdadeiras festas da democracia.

Já as referências aos policiais que tentavam proteger o patrimônio público e privado da sanha destruidora de manifestantes enfurecidos eram sempre ambíguas, quase insinuando que ações tomadas pelas forças de segurança pública para conter o vandalismo, como lançar bombas de efeito moral, seriam sinônimo de repressão fascista e autoritária.

E o pior é que não havia motivo para surpresa; neste país, já há algum tempo, para os intelectuais, os artistas, a mídia e os estudantes da universidade com partido, os vândalos serão sempre os defensores da democracia, e a polícia será sempre a vilã.

Na cobertura dos protestos de 2013, quando o grau de vandalismo se tornava indefensável até pela militância profissional — até chegar ao clímax trágico do cinegrafista assassinado em serviço, atingido por um rojão lançado por um *black bloc* diretamente na direção da sua cabeça —, a mídia não dava o braço a torcer: os vândalos, vejam só, não eram manifestantes!

Os protestos eram pacíficos, e o quebra-quebra era sempre culpa de um "pequeno grupo" que aparecia ali por acaso. Seria o caso de se perguntar: por que, então, grupos assim nunca apareceram nas manifestações — repito, estas sim pacíficas — de 2016?

Nunca entendi qual o sentido de classificar como "pacíficos" os protestos de 2013, que acabavam invariavelmente em um cenário de filme de terror. Mas não é que até esse argumento voltaram a usar em 2020?

Segundo a maior parte da mídia, convoca-se uma manifestação, com hora marcada para o quebra-quebra começar, mas o vandalismo não tem nada a ver com os manifestantes! Isso equivale a pouco menos que chamar o espectador de burro. Depois não entendem por que a credibilidade dos meios de comunicação está despencando.

A terceira e última pergunta é: ora, se essa mesma estratégia fracassou miseravelmente em 2013, o que leva alguém a acreditar que o resultado agora será diferente?

Causas têm consequências, e geralmente elas vêm depois. Nós já vimos o filme do vandalismo, e ele não terminou bem para a esquerda.

Maduro e Black Lives Matter: os novos métodos da velha esquerda

DUAS FOTOGRAFIAS POSTADAS NO TWITTER EM 2015 VALEM POR MIL PALAVRAS: mostram uma jovem com o punho cerrado, abraçada ao ditador venezuelano Nicolás Maduro. A jovem é Opal Tometti, uma das fundadoras e dirigentes do movimento Black Lives Matter.

Antes de continuar, peço atenção para duas premissas deste capítulo, para evitar "mal-entendidos" por parte de quem não sabe interpretar texto (ou sabe, mas finge que não sabe):

1. Todas as pessoas são livres para defender a ideologia que quiserem e para tirar e postar fotos com quem bem entenderem;
2. Todo racismo é abjeto, e todos devemos condenar e combater o preconceito, seja ele resultado da ignorância, do condicionamento ou da maldade de quem o pratica.

As duas premissas acima — que deveriam ser (e são) óbvias para a maioria das pessoas comuns — não mudam o fato de que, levando em conta o papel que o BLM (não confundir com o MBL — Movimento Brasil Livre) assumiu a partir do assassinato de George Floyd por um policial em Minneapolis, é importante que essas conexões sejam transparentes, até para que amanhã ninguém sinta que foi enganado, ou usado como massa de manobra.

No Brasil, Maduro foi abandonado e é hoje execrado até pelas esquerdas. É verdade que elas foram até onde podiam na defesa da ditadura que transformou a Venezuela em terra arrasada: um país onde adversários políticos são perseguidos, torturados e executados em prisões subterrâneas; onde os meios de comunicação são rigorosamente controlados pelo Estado; onde faltam produtos básicos e até papel higiênico nos supermercados; onde as piores atrocidades são cometidas pelo governo contra os direitos humanos e as liberdades civis; onde adolescentes se prostituem para ter o que comer e mães entregam os filhos para adoção por não terem como alimentá-los; um país do qual, pelos motivos listados acima, mais de 4,5 milhões de venezuelanos já fugiram desde que Maduro assumiu o poder.

Mas chegou uma hora que não dava mais: as esquerdas brasileiras acabaram se rendendo. É claro que, como elas nunca erram, não se retrataram nem pediram desculpas pelo longo apoio ao ditador: em vez disso, passaram a afirmar, vejam só, que Maduro... é de direita! E essa tese esdrúxula foi defendida até por um ministro do STF. Tempos muito estranhos.

* * *

Os laços do BLM com a ditadura de Maduro são explícitos. Não se trata só de uma fotografia postada no Twitter por uma admiradora do ditador.

A foto foi tirada em Nova York, no Harlem National Theater, em setembro de 2015. Em seu discurso naquele evento, Maduro conclamou a plateia a derrubar a ditadura do capital, em meio a aplausos e gritos de apoio à revolução bolivariana.

Três meses depois, a convite de Maduro, o BLM enviou uma delegação a Caracas, liderada por Opal Tometi, para acompanhar as eleições parlamentares na Venezuela. É isso mesmo. O regime de Maduro não credenciou observadores da OEA — Organização dos Estados Americanos, nem da União Europeia, nem da ONU: só foram convidados como "fiscais" da lisura do processo eleitoral simpatizantes da causa revolucionária, aí incluído o BLM.

Como era previsível, choveram denúncias de fraude naquelas eleições (como em todas as eleições realizadas durante qualquer ditadura, e *pour cause*). Mas os "observadores", incluindo a delegação do BLM, não viram nada de irregular. Ao contrário: naquela ocasião, Tometi manifestou sua felicidade por estar em um país "onde existe um discurso político inteligente". Cidadãos venezuelanos reagiram com indignação.

Ainda mais revelador é um vídeo[22] no qual outra cofundadora do BLM, Patrisse Cullors, se declara assumidamente marxista, afirmando:

"We are trained Marxists. (...) We are super-versed in ideological theory": "Nós somos marxistas treinadas. (...) Nós somos super versadas em teoria ideológica".

Simples assim.

Alguém dirá: "Ah, mas esse video foi postado por Liz Wheeler, que é uma conservadora branca sem lugar de fala...". Ok: o mesmo video também foi citado na semana passada, no canal do *youtuber* YoungRippa59, pelo comentarista político Eric July. Vale a pena assistir e ler os comentários.[23]

De novo: é direito de qualquer movimento defender a ideologia que bem entender.

Mas será que todas as pessoas que apoiam e vêm fazendo doações para o BLM sabem disso?

159

Certamente muitos apoiadores dos protestos violentos e da vandalização de monumentos históricos promovidos pelos autodenominados Antifas sabem — e não veem nada de mais nisso. Eles acreditam na violência como uma forma legítima de luta.

Mas certamente haverá também — na Venezuela, nos Estados Unidos, no Brasil e em todo o planeta — quem simpatize com a bandeira do BLM mas considere inadequado associar uma luta que deveria ser de todos a uma ideologia política que tanto mal fez ao mundo, deixando por onde passou um legado incalculável em sofrimento e vidas humanas.

Além disso, evidentemente, é nas ditaduras comunistas que as minorias são mais discriminadas, quando não são perseguidas e presas, ou coisa pior (para quem quiser saber como a revolução cubana tratou homossexuais, recomendo a leitura de "Antes que anoiteça", do escritor cubano Reinaldo Arenas; o filme, com Javier Bardem, também é muito bom). Mas quando Fidel Castro morreu, em 2016, o BLM divulgou uma nota na qual afirmava seu apoio à ditadura socialista e exaltava o papel de Fidel na "luta pela liberdade universal". E concluía: "Fidel vive!".

Enquanto na Venezuela e em Cuba adversários políticos são perseguidos e encarcerados, nos Estados Unidos todas as minorias são livres para se manifestar contra o que quiserem, publicamente e enfaticamente. A própria Opal Tometti, diga-se de passagem, é filha de imigrantes nigerianos que foram para a América em busca de oportunidades que só existem em sociedades livres e capitalistas. Mas, lá como cá, é a esquerda que se arvora em detentora exclusiva das bandeiras das minorias — e do monopólio da fala sobre elas.

Uma das pautas do BLM é o combate à violência policial, o que é justo: excessos da polícia devem ser combatidos — o que não significa equiparar a instituição policial à bandidagem, por óbvio. Mas como conciliar essa bandeira com o apoio do movimento a Maduro se, na Venezuela, manifestantes contra a ditadura são presos às centenas, e a polícia venezuelana mata muito mais que a americana? Ou será que existe uma violência policial "do bem" e outra "do mal"?

O fato é que, por alguma razão, ninguém que se declara de esquerda protesta contra a perseguição a minorias em Cuba, na Venezuela, na Coreia do Norte ou no Irã.

Nem é preciso ir tão longe: ninguém que se declara de esquerda no Brasil se manifesta quando policiais são assassinados em serviço — mesmo quando os policiais são negros. Há até quem secretamente comemore essas mortes, ou não tão secretamente assim. Talvez porque o foco real dessas pessoas não seja a proteção de minorias, mas a disseminação de uma ideologia, a sabotagem do governo e a afirmação de uma agenda que ilude e engana as pessoas comuns, mas que pouco tem a ver com seus valores.

A conclusão necessária é que a esquerda só defende as minorias quando convém.

Dito de outra maneira: a esquerda *usa* as minorias. Isso explica por que, se uma pessoa homossexual for de direita, sua orientação sexual deixa de importar: ela se torna imediatamente um inimigo a abater (basta lembrar a reação indignada à homenagem da FLIP à poeta Elizabeth Bishop). O mesmo se aplica à questão étnica, como demonstrou a sanha com que se apressaram a desconstruir Carlos Alberto Decotelli, indicado para o Ministério da Educação, antes mesmo de ele assumir o cargo. Decotelli é negro, mas o atestado ideológico vem em primeiro lugar; quem não o possui não está qualificado a ser reconhecido e defendido como integrante de uma minoria.

A Fundação Getúlio Vargas, por exemplo, tomou a iniciativa de divulgar que Decotelli jamais tinha sido professor da instituição. Dias depois, quando o dano à imagem do ex-futuro ministro já estava feito (como sempre), foram divulgadas imagens comprovando não somente que Decotelli lecionou na FGV, mas também que seu nome constava no site da fundação, aliás com avaliação máxima dos alunos.

Desnecessário dizer, aqueles que festejaram o massacre em praça pública de Decotelli ficaram mudos ou passaram pano quando, no passado, apareceram inverdades nos currículos de políticos de esquerda — no currículo de Dilma Rousseff inclusive. Naquele tempo bastava jogar a culpa no estagiário, e ficava por isso mesmo. Aliás, inverdades também apareceram no currículo de um ministro atual do Supremo — e foram minimizadas como "erros da secretária".

* * *

Pois bem, tomando como pretexto o assassinato de George Floyd, o BLM e os Antifas americanos promoveram depredações, vandalizaram monumentos históricos e impuseram no grito e pela força sua agenda à sociedade.

Embora não faltem inocentes úteis que estão sendo explorados em sua boa-fé, não é por inocência que a mídia e a academia compram e vendem essa narrativa.

Nos últimos 30 anos, desde a queda do Muro de Berlim, os movimentos identitários se transformaram no bote salva-vidas da esquerda. A militância, que se encontrava em estado terminal, saiu da respiração por aparelhos quando percebeu que se apropriar das bandeiras das minorias era o caminho para renascer das cinzas.

Sem ter mais como defender a luta de classes, a expropriação pela força dos meios de produção e a tomada do poder por meio da revolução proletária, a esquerda se reagrupou em torno dos movimentos identitários, associando as lutas específicas (e justas) desses movimentos à única pauta que verdadeiramente interessa aos líderes esquerdistas: a tomada do poder e a destruição da democracia.

Mas como isso foi possível, se todas as conquistas das minorias devem muito mais ao liberalismo e ao capitalismo do que ao socialismo, que historicamente sempre oprimiu e perseguiu homossexuais e outros grupos?

O mecanismo psicológico que explica esse processo é tão primário que causa espanto. Mas funciona.

A estratégia é simples: primeiro, escolhe-se uma bandeira que tenha apoio unânime da população, e a esquerda se apropria dela como se fosse exclusividade sua.

Ora, é óbvio que ninguém em sã consciência pode ser a favor da corrupção, ou a favor da pedofilia, ou contra os direitos humanos, da mesma forma que ninguém pode ser a favor da poluição e da degradação do meio ambiente, ou do assassinato (se bem que uma intelectual de esquerda já se declarou a favor do assalto...[24]).

Em seguida — e aí está o truque —, associam-se, pela repetição exaustiva, esses comportamentos criminosos aos conservadores em geral, à direita, aos eleitores de Trump ou de Bolsonaro etc., tomando como pretexto atos ou falas isoladas de algum apoiador. Ou seja, estende-se a responsabilidade por condutas individuais estúpidas ou criminosas à totalidade desses grupos, por associação.

É assim que, tanto nos Estados Unidos como no Brasil, a justíssima luta antirracista — aliás, como outras bandeiras associadas a minorias — foi habilmente apropriada pela esquerda, como se mais da metade da população brasileira fosse racista e como se lutar contra o preconceito fosse exclusividade de quem vota nos partidos de esquerda, e não obrigação reconhecida por todos.

São os novos métodos da velha esquerda. O assassino de George Floyd deixa assim de ser o policial, pessoa física (que foi preso e será julgado e condenado, como merece); os assassinos passam a ser todos os americanos republicanos, como se todos os eleitores de Trump tivessem as mãos sujas de sangue nesse episódio.

É essa premissa absurda, mas amplamente disseminada, que dá aos Antifas o suposto direito moral de sair às ruas tocando o terror, depredando, vandalizando, saqueando e destruindo. Porque, afinal de contas, são eles os portadores exclusivos da virtude e os únicos defensores da democracia.

Parece evidente que são raríssimos os conservadores que defendem o Fascismo (o verdadeiro, não o de mentirinha). Ou seja, se o rótulo "Antifa" fosse usado de forma honesta e bem-intencionada, 99% da população se declararia Antifas, eu inclusive. Mas trata-se apenas de mais uma ferramenta utilizada para dividir a sociedade, para desqualificar e perseguir adversários políticos e afirmar a própria agenda ideológica como a única aceitável.

Recorre-se ao mesmo truque quando, por exemplo, se estende aos 58 milhões de eleitores de Bolsonaro e ao próprio governo a crença de meia dúzia de imbecis de que a Terra é plana. Subitamente todo eleitor de Bolsonaro se torna, por decreto, terraplanista.

As bandeiras levantadas pelo Black Lives Matter são legítimas. O racismo existe e deve ser combatido. A violência policial existe e deve ser combatida. E há maneiras inteligentes e honestas de conduzir essa luta.

Até como estratégia, o BLM teria muito mais a ganhar com manifestações pacíficas — estas seriam muito maiores e contariam com o apoio de muitos eleitores republicanos. Em vez disso, o campo progressista se dedica a promover a violência, derrubar estátuas, censurar livros e filmes e apagar o passado, além de apoiar a ditadura de Maduro, que em tudo contraria os valores da sociedade americana. Nada de bom pode vir daí.

Duas estátuas: o que querem os talibãs do progressismo?

EM MARÇO DE 2001, TROPAS TALIBÃS EXPLODIRAM DOIS GIGANTESCOS BUDAS do século V d.C., esculpidos em pedra em uma colina na província de Bamiyan, no Afeganistão. Eles tinham resistido a 1.500 anos de história, mas não sobreviveram à fúria justiceira de uma seita de fanáticos fundamentalistas.

Você certamente achou esse episódio absurdo, mas não pensaria assim se fosse um talibã. Na cabeça dos talibãs, eles estavam certos em destruir aqueles monumentos, uma vez que representavam valores que contrariavam suas crenças como fundamentalistas islâmicos.

O que esse caso demonstra é que a convicção de um grupo político ou religioso (ou mesmo de uma torcida de futebol), por mais sincera e bem-intencionada que seja, não implica que este grupo possa impor sua vontade ao resto do mundo, muito menos de forma violenta.

Como bem disse a pensadora marxista Rosa Luxemburgo em um laivo de lucidez, "liberdade é sempre a liberdade de quem pensa de forma diferente". Quem realmente defende a liberdade deve defender a liberdade do outro e reconhecer que ele tem o direito de ter valores e crenças diferentes dos seus.

(Mas o fato é que nem todos defendem de verdade a liberdade, nem a democracia, nem a justiça social: só quando interessa: todos aqueles que apontam em Bolsonaro uma ameaça à democracia ficaram calados quando um esquema de corrupção em escala industrial foi montado para perpetuar um partido no poder; todos aqueles que chamam o presidente de genocida por contar uma piada homofóbica ficam calados diante da prisão de homossexuais em Cuba ou no Irã; todos aqueles que responsabizam o atual governo pela crise econômica provocada pela pandemia de Covid-19 ficaram calados quando Dilma destruiu a economia brasileira, levando o país para o buraco. Etc.)

A necessidade de reconhecimento de existência do outro e de respeito a seus valores vale para indivíduos e para culturas. Esse era o consenso na época do atentado às estátuas de Buda, consideradas um patrimônio cultural da humanidade. Protestos contra o atentado a um tesouro da civilização se espalharam por todo o Ocidente, inclusive por parte da mídia e da Unesco, o braço da ONU dedicado à educação, ciência e cultura. Esses protestos aconteceram porque quem explodiu os Budas estava enviando ao mundo o seguinte recado: nós não aceitamos a diferença e vamos usar a violência contra o diferente. Inaceitável.

Em 2020, contudo, quase não se ouviram manifestações de repúdio — muito menos da grande mídia e da ONU — contra a destruição de estátuas de personagens históricos pelos talibãs do progressismo. Pior: os ataques pareciam contar com o apoio velado (ou mesmo assumido e entusiasmado) dos jornalistas, para perplexidade da maioria da população, constrangida a considerar aceitável o vandalismo.

* * *

Da mesma forma que os talibãs originais, os talibãs do progressismo combinam motivações políticas e religiosas: ambos se mostram igualmente agressivos na imposição de sua agenda e de suas crenças. Sua tática, como minoria, é semear o medo e constranger a maioria ao silêncio resignado. Seu objetivo é impor à sociedade inteira suas crenças e valores particulares. Está funcionando.

Há quem se cale por receio da patrulha que se dissemina, por medo das milícias do "ódio do bem", que perseguem, esfolam e destroem todo aquele que ouse discordar delas.

Há também os inocentes úteis, iludidos pela ideia de que é moralmente correto apagar a história (como se isso mudasse o passado) como forma de pagar alguma dívida ancestral com grupos demográficos cujos ancestrais sofreram injustiças medonhas (fato — mas isso aconteceu séculos atrás).

Há, por fim, quem se diga democrata mas secretamente festeje, movido pelo ressentimento, esse processo de destruição a céu aberto de signos da nossa civilização, por apostar no poder nivelador do caos.

Isso explica também o ódio crescente a qualquer forma de beleza: o belo virou sinônimo de fascismo. O belo incomoda tanto que, na última Copa do Mundo, a transmissão dos jogos da FIFA deixou de mostrar mulheres bonitas na plateia, como sempre fez.

Chegamos a esse ponto. A existência de pessoas bonitas ofende as feias, a existência de pessoas magras ofende as gordas, a existência de pessoas inteligentes ofende as burras, a existência de pessoas bem-sucedidas ofende as fracassadas.

Se você é bonito(a), magro(a), inteligente e bem-sucedido(a), convém tomar cuidado: você está ofendendo um monte de gente sem saber, só por ser como você é, e essa gente é vingativa.[25]

O fato é que, seja qual for o motivo, no Brasil e no mundo, a reação da maioria à onda de vandalismo contra monumentos históricos foi muito tímida: foi quase silenciosa a repulsa das pessoas comuns à destruição de estátuas de Cristóvão Colombo, Miguel de Cervantes, Winston Churchill e até de Mahatma Gandhi, entre muitos outros personagens históricos subitamente rotulados como preconceituosos inimigos do povo, expostos à execração pública e tratados a pontapés por grupos autodenominados antifascistas.

De maneira similar, muitas pessoas comuns tiveram e continuam tendo medo de se manifestar contra a CENSURA de clássicos da literatura e do cinema que cometeram o crime de refletir os valores e costumes da época em que foram criados, como o romance "Huckleberry Finn", de Mark Twain, os livros de Monteiro Lobato e os filmes "...E o vento levou" e até "Mary Poppins" — todos réus do tribunal sumário que acusa, julga, condena, esfola e executa, sem direito de defesa nem contraditório.

Diante dessa escalada de insanidade que se manifesta mundo afora, vem à mente um trecho bastante (mas nunca suficientemente) citado do pensador britânico Roger Scruton, recentemente falecido (aliás, ele também foi vítima de uma sórdida campanha de difamação e assassinato de reputação):

"O conservadorismo advém de um sentimento que toda pessoa madura compartilha com facilidade: a consciência de que as coisas admiráveis são facilmente destruídas, mas não são facilmente criadas. Isso é verdade, sobretudo, em relação às boas coisas que nos chegam como bens coletivos: paz, liberdade, leis, civilidade, espírito público, a segurança da propriedade e da vida familiar. (...) Em relação a tais coisas, o trabalho de destruição é rápido, fácil e recreativo; o labor da criação é lento, árduo e maçante" [grifos meus].[26]

PRIMEIRA ESTÁTUA:

Poucos personagens da história contemporânea estão mais associados à defesa da liberdade e dos valores da cultura ocidental no século 20 do que Winston Churchill: na década de 30, na Câmara dos Comuns, ele foi um dos primeiros a alertar sobre os riscos da ascensão do Nazismo; durante a Segunda Guerra, já como primeiro-ministro, foi o principal responsável pela coesão e resistência da sociedade britânica em seus momentos de provação suprema, sob os incessantes bombardeios alemães.

Basta dizer que, sem Churchill, o desenlace da Segunda Guerra poderia ter sido outro, e hoje estaríamos todos escravizados pelos nazistas. Em 1941, quando o resultado do conflito ainda era altamente incerto, o líder britânico fez uma palestra para os estudantes da Harrow School, na qual recomendou:

"Nunca ceda. Nunca se apequene. Nunca desista, nunca, nunca, nunca. Em nada. Grande ou pequeno, importante ou não. Nunca ceda. Nunca se renda à força, nunca se renda ao poder aparentemente esmagador do inimigo".

Churchill se tornou uma lenda ainda em vida: em 1º de março de 1955, fez seu último discurso como chefe de governo, intitulado "Jamais desesperar". Em 21 de junho daquele ano, a prefeitura de Londres inaugurou uma estátua em sua homenagem, com a presença dele próprio.

SEGUNDA ESTÁTUA:

Vladimir Ilyich Ulianov, *aka* Lenin, impôs por meio de um golpe na Rússia um sistema de governo que esmaga e desumaniza o indivíduo. Perseguiu intelectuais, professores e artistas, que classificava como lacaios do capital. Censurou e controlou todos os meios de comunicação de massa. Usou a fome como ferramenta de opressão política e limpeza étnica, com mortes que se contam aos milhões — em 1921/22, em regiões afetadas pelo confisco das colheitas, a fome foi tão grave que casos de canibalismo se tornaram rotineiros.

Lenin expulsou de suas propriedades centenas de milhares de camponeses que, por cultivarem pequenos pedaços de terra, eram forçados a entregar suas colheitas ao Estado e tachados de inimigos do povo. É famoso um telegrama do líder comunista com orientações sobre o que fazer com aqueles pequenos proprietários ("kulaks") que resistissem aos saques e confiscos promovidos pelo Estado:

> Camaradas! O levante kulak nos cinco distritos de sua região deve ser esmagado sem piedade. Os interesses de toda a revolução o exigem. (...) É necessário dar o exemplo:
> 1. Enforcar (e digo enforcar de modo que todos possam ver) não menos de 100 kulaks, ricos e notórios bebedores de sangue.
> 2. Publicar seus nomes.
> 3. Apoderar-se de todos os seus grãos. (...)
>
> Façam isso de maneira que a cem léguas em torno as pessoas vejam, tremam, compreendam e digam: eles matam e continuarão a matar. (...)
>
> Seu, Lenin.

O terror vermelho imposto nos primeiros anos da revolução mergulhou a Rússia na fome, na violência desmedida, no caos econômico, no medo e na miséria. Estima-se que, entre 1917 e 1922, pelo menos 100 mil pessoas foram executadas por motivação política. Segundo o historiador Orlando Figes (em "A tragédia de um povo: A Revolução Russa, 1891-1924"), houve casos de escalpelamentos, empalamentos e fogueiras humanas. Estimativas da historiografia mais recente sugerem que o regime implementado por Lenin matou algo entre 20 milhões e 60 milhões de pessoas ao longo das décadas.

Embora não se comparasse em crueldade a seu sucessor Stalin, foi Lenin quem criou o primeiro Gulag (campo de trabalhos forçados para presos políticos), em 1919, em Solovski. No ano seguinte, mais de 100 mil pessoas estavam presas em campos semelhantes, nas regiões mais inóspitas da Sibéria. Os Gulags tinham duas funções: o isolamento de opositores e trabalho escravo, este em volume que chegou a ser significativo para a economia soviética. Desde o início, o terror foi um fator indissociável do projeto comunista.

O QUE QUEREM OS TALIBÃS?

Pois bem, eis que, do alto de sua superioridade moral, manifestantes "Antifas" que nunca conheceram o verdadeiro Fascismo nem tiveram que defender seu país numa guerra, manifestantes que se beneficiam diariamente dos direitos e liberdades que Churchill ajudou a preservar no Ocidente, picharam sua estátua em Londres com a frase *"[Churchill] was a racist"*, em uma referência ao passado colonial da Inglaterra.

E, praticamente na mesma semana em que a estátua de Churchill era vandalizada em Londres, em Gelsenkirchen, no oeste da Alemanha, inaugurou-se uma estátua de Lenin, feita na Tchecoslováquia em 1957 e desde então guardada em um depósito (por vergonha, talvez, mas vergonha se tornou hoje um artigo escasso).

Na cerimônia de inauguração, um orador afirmou: "Lenin foi um pensador à frente de seu tempo, de importância histórica mundial, um combatente pela liberdade e pela democracia". Isso aconteceu, repito, na Alemanha, onde durante décadas o comunismo escravizou metade da população; na Alemanha, o país que ficou marcado pelo vergonhoso Muro de Berlim; na Alemanha, onde a adesão cega a um líder político levou ao Holocausto.

Começando pela liberdade de expressão, hoje os bens coletivos de que falava Roger Scruton não estão apenas em perigo ou sob ameaça: estão sendo abertamente atacados, sob o olhar cúmplice — ou, no mínimo, complacente — da mídia, da academia e das autoridades. Quem tem consciência disso e se cala ou se omite; quem vê o que está acontecendo e cede e se apequena, ignorando o alerta de Churchill, deveria refletir: o silêncio é o alimento dos corvos que amanhã vão furar seus olhos.

A "causa bonita" de Cesare Battisti

NO FIM DE AGOSTO DE 2020, TALVEZ POR SE SENTIR ESQUECIDO PELA MÍDIA, Lula encontrou uma forma de voltar ao noticiário: em entrevista a um canal do YouTube, ele se retratou por ter concedido refúgio ao assassino e terrorista Cesare Battisti em 2010, no último dia de seu mandato.

Por conta da decisão de Lula, somente em janeiro de 2019 Battisti foi finalmente extraditado para a Itália, onde confessou ter cometido os quatro assassinatos de que era acusado e pelos quais já tinha sido condenado em seu país à prisão perpétua — pena que hoje cumpre em um presídio de segurança máxima, na Sardenha.

Em seu pedido de desculpas, Lula, mais uma vez, alegou ter sido enganado:

"A base da verdade na política é você não prejudicar um amigo", afirmou o ex-presidente. "Se cometeu um crime, (...) o advogado vai saber como defender. Eu acho que, como eu, todo mundo da esquerda que defendeu o Cesare Battisti ficou frustrado. (...) Eu não teria nenhum problema de pedir desculpas à esquerda italiana, de pedir desculpas à família do Cesare Battisti, por ele ter praticado o crime que cometeu e ter enganado muita gente no Brasil. Se nós cometemos este erro, pedimos desculpa".

O assunto já estava esquecido, e trazê-lo à tona não foi uma boa ideia. A melhor resposta a Lula foi a de Alberto Torregiani, filho de um comerciante assassinado por Cesare Battisti em Milão, em 1979. Baleado na coluna, o próprio Alberto ficou paraplégico no atentado que matou seu pai. Ele tinha 15 anos quando perdeu o movimento das pernas.

"As desculpas de Lula? Melhor tarde do que nunca. Mas são inúteis. Agora quero ver o que diz quem havia apoiado sua decisão. Por que falar isso hoje? Para ser notícia? Ele terá as suas motivações pessoais (...) Nós não fazemos nada com as suas desculpas."

Alberto também escreveu, em uma rede social:

"As desculpas de Lula não têm propósito, estou pasmo. De onde vem essa declaração? Qual é o ponto? Este vírus está causando danos. Mais do que piadas, sarcasmo, não posso fazer. Temos que agradecer a ele? Ele nos fez passar por tribulações e sofrimentos por anos, apenas para saber que estávamos certos? É degradante".

* * *

Cesare Battisti era líder da organização extremista "Proletários Armados pelo Comunismo", que combatia "a hegemonia do poder capitalista" na democracia italiana. Além de Torregiani, Battisti matou ou mandou matar o açougueiro Lino Sabadini e os policiais Antonio Santoro e Andrea Campagna.

Julgado e condenado, após uma série de fugas espetaculares para a França e o México, Battisti desembarcou em 2004 no Brasil — onde recebeu solidariedade e proteção dos companheiros no poder até 2018, quando o presidente Michel Temer finalmente determinou sua extradição. Battisti fugiu mais uma vez, agora para a Bolívia, onde acabou sendo detido e despachado diretamente para a Itália, onde está finalmente pagando por seus crimes.

Se o PT não tivesse sido catapultado do poder com o *impeachment* de Dilma Rousseff, Cesare Battisti continuaria desfrutando de sua liberdade no Brasil, posando de idealista injustiçado e jurando inocência até hoje — com o apoio dos virtuosos da causa revolucionária, que o trataram como herói. Alguém duvida?

Mas voltemos à declaração de Lula, que merece uma análise mais detalhada.

- "A base da verdade na política é você não prejudicar um amigo."

Essa frase merece se tornar objeto de estudo nas faculdades de Filosofia, porque estabelece, simplesmente, um novo conceito de verdade: a *verdade companheira*. Verdadeiro em política não é aquilo que se comprova com base na objetividade dos fatos, mas aquilo que não prejudica os amigos.

Decorre daí que, hipoteticamente, se um amigo for flagrado desviando dinheiro público, ele não pode ser prejudicado, porque, sendo um amigo, não é verdade que ele roubou. (Os inimigos, por sua vez, podem ser prejudicados à vontade, mesmo sem roubar, já que, não sendo amigos, estão excluídos da "base da verdade".)

Isso explica muita coisa na história recente do país. Fornece também a chave conceitual e filosófica para entendermos a divisão deliberada e fratricida dos brasileiros entre "nós" e "eles", promovida durante os governos do PT (divisão que, diga-se de passagem, agora está dando seus frutos no governo Bolsonaro: é a lei do retorno): sendo a verdade uma questão de amizade, ela estará sempre do "nosso" lado, e nunca do lado "deles".

Lula considerava Battisti seu amigo. Logo, Battisti não poderia ser prejudicado. Daí Lula negar sua extradição. Um silogismo irrefutável na sua clareza.

- "Eu acho que, como eu, todo mundo da esquerda que defendeu o Cesare Battisti ficou frustrado."

A imensa maioria das pessoas que defenderam Battisti o fez sabendo que ele era culpado — por acreditar que sua causa era justa ou por seguir o princípio de que amigos não podem ser prejudicados.

Com toda a informação disponível, só os inocentes úteis ou os muito burros poderiam acreditar na inocência do terrorista italiano. No fundo, o que prevalecia entre aqueles que apoiavam sua permanência no Brasil era a convicção de que Battisti cometera "assassinatos do bem", em nome de uma "ideologia do bem".

Conheço gente que ainda hoje afirma que o terrorismo e o assassinato de inocentes estarão moralmente justificados se servirem à causa da revolução.

Ora, Lula não é inocente útil nem burro (a seu modo, é muito inteligente). Ele está apenas reencenando o roteiro tantas vezes repetido, desde as primeiras denúncias do Mensalão, lá atrás, já em 2005: "Fui enganado"; "Eu não sabia" etc.

Aliás, também como em outras ocasiões, o *muy amigo* ex-presidente jogou a culpa pelo seu erro em outra pessoa — no caso, seu colega de partido Tarso Genro, que era seu ministro da Justiça em 2010:

"[Tarso Genro] achava que ele [Battisti] era inocente. O Tarso Genro me disse o seguinte: 'Não dá para mandar ele embora porque ele pode ser detonado na Itália e ele é inocente'. (...) Por isso, me ative naquilo que meu ministro disse, que ele era inocente, que não tinha provas da culpabilidade".

- "Eu não teria nenhum problema de pedir desculpas à esquerda italiana, de pedir desculpas à família do Cesare Battisti, por ele ter praticado o crime que cometeu e ter enganado muita gente no Brasil. Se nós cometemos este erro, pedimos desculpa".

O que chama atenção aqui é o caráter duplamente condicional do pedido de desculpas: "Eu não *teria*...", "*Se* nós cometemos...". O papo nunca é reto. Ora, quem realmente se arrepende de algo e quer se retratar diz claramente: "Errei e peço desculpas". Sem futuros do pretérito nem conjunções subordinativas condicionais.

Aliás, mesmo no condicional, observe-se que Lula só pede desculpas à esquerda italiana (e à família de Battisti, de forma aliás incompreensível: por que a família de Battisti mereceria um pedido de desculpas do presidente que protegeu o assassino?), não à direita ou ao povo italiano.

Porque, sendo inimiga, a direita está excluída da base da verdade na política e, portanto, não tem direito a pedido de desculpas. Do povo italiano inteiro, só a esquerda e a família de Battisti merecem um pedido de desculpas.

Por fim, Lula pede desculpas — condicionais — não por ter protegido um terrorista e assassino, mas "por Cesare Battisti ter cometido o crime que cometeu e por ter enganado muita gente no Brasil!"; ou seja, pede desculpas por crimes e erros alheios. Lula se apresenta como vítima de um amigo que o enganou, não como alguém que tinha o dever de extraditar um assassino e decidiu não o fazer.

* * *

A "CAUSA BONITA" DE CESARE BATTISTI

O leitor atento terá observado que saltei um trecho da declaração de Lula — "Se cometeu um crime, (...) o advogado vai saber como defender". É porque essa frase chama atenção para um personagem esquecido dessa história, merecendo por isso um comentário à parte.

Na cobertura das recentes declarações de Lula, ninguém ou quase ninguém lembrou um detalhe importante: o advogado em questão, que defendeu com muita competência Cesare Battisti, era Luis Roberto Barroso, hoje ministro do STF. E há quem assegure que seu desempenho na defesa de Battisti foi um fator decisivo para sua indicação, por Dilma, para uma vaga no Supremo, em 2013.

O fato é que, quando indagado por que decidira defender um homem condenado em seu país por quatro assassinatos, Barroso respondeu que "a causa era bonita", conforme reportagem publicada no site da Conjur em 2011, "O advogado que garantiu a liberdade de Battisti",[27] da qual transcrevo o trecho abaixo:

> "Por que, então, embarcar nessa aventura? "A causa era bonita", justifica. O advogado viu beleza no fato de defender "um velho comunista, que faz parte do lado derrotado da história, e que a Itália, 30 anos depois, veio perseguir no Brasil". Acima de tudo, Barroso acreditou em Battisti. "O Cesare me olha nos olhos e diz: 'Não participei de nenhum desses homicídios'. Eu acredito no que ele me diz".

Pois bem, o ministro Barroso, que se pronuncia sobre qualquer assunto, não se pronunciou sobre o pedido de desculpas de Lula, apesar de também ter acreditado na inocência de Cesare Battisti — e de ter contribuído decisivamente para adiar por quase 10 anos a prisão do assassino na Itália.

* * *

Encerro citando o livro "Moral e revolução", de Leon Trotsky, para reflexão do leitor. No trecho reproduzido abaixo, Trotsky respondia a um grupo de revolucionários que condenava o uso da mentira e da violência como arma política:

> "A mentira e a violência por acaso não são coisas condenáveis "em si mesmas"? Por certo, como é condenável a sociedade dividida em classes que as engendra. A sociedade sem antagonismos sociais será, evidentemente, sem mentira e sem violência. Mas não é possível lançar uma ponte para ela senão com métodos violentos. A própria revolução é o produto da sociedade dividida em classes, da qual ela leva necessariamente a marca. Do ponto de vista das "verdades eternas" a revolução é, naturalmente, "imoral". Mas isso significa apenas que a moral idealista é contrarrevolucionária, isto é, encontra-se a serviço dos exploradores."

Para Cesare Battisti, como para a maioria daqueles que o defenderam, o raciocínio é o mesmo. Como a verdade, a moral é um conceito flexível, a depender do lado em que se está.

Existem, em suma, "a moral deles e a nossa" — título, aliás, de outro texto de Trotsky.

"Agora quero ver o que diz quem havia apoiado sua decisão", perguntou Alberto Torregiani, referindo-se ao pedido de desculpas de Lula.

Prezado Alberto, aqueles que apoiaram a proteção a Battisti não vão dizer nada, porque, no íntimo, continuam achando que estavam certos, mesmo que finjam arrependimento ou fiquem em silêncio.

Não se iludam: na cabeça de muitas pessoas, "métodos violentos" e assassinatos continuam sendo plenamente justificados, se servirem à ideologia "do bem" à qual elas teimam em aderir, mesmo que esta ideologia já tenha sido tantas vezes desmoralizada pela história.

Contra traficante ninguém faz protesto

Duas mulheres:

1) Ana Cristina
Na noite de quarta-feira, 26 de agosto, em meio a uma guerra do tráfico — bandidos de facções rivais disputavam território, algo que acontece periodicamente no Rio de Janeiro —, Ana Cristina da Silva, de 25 anos, foi assassinada a tiros de fuzil no Rio Comprido, Zona Norte da cidade. Ela estava indo com o filho de 3 anos para o bar onde trabalhava, quando ficou no meio do tiroteio entre traficantes. No momento dos disparos, Ana Cristina se curvou para proteger a criança e acabou sendo atingida na cabeça e na barriga. A intensidade do confronto impediu que ela fosse socorrida pelo Corpo de Bombeiros.

2) Bruna Carla
A sargento do Exército Bruna Carla Borralho de Araújo, 27 anos, lotada na 21ª Brigada de Infantaria Paraquedista, foi assassinada na frente do marido, da irmã e dos sobrinhos durante um assalto na noite de domingo, 30 de agosto, em Duque de Caxias, na Baixada Fluminense. O marido de Bruna tinha acabado de descer

do carro quando ela gritou, alertando para o assalto; em seguida, ele ouviu dois disparos. A irmã de Bruna e os sobrinhos foram obrigados a descer, e os bandidos fugiram levando o veículo.

Essas duas tragédias, extraídas do noticiário de uma semana comum, em agosto de 2020, já foram esquecidas. Se tivessem sido vítimas da bala perdida de um policial, ou se suas mortes pudessem ser exploradas pela agenda lacradora do "ódio do bem", muito provavelmente a internet estaria ainda hoje em polvorosa, dezenas de páginas contra a polícia fascista seriam criadas no Facebook e as ruas seriam cenário de protestos indignados.

Mas Ana Cristina e Bruna Carla tiveram o azar de serem assassinadas por ladrões e traficantes. Contra bandido e traficante, no Brasil, ninguém faz protesto.

Ninguém assinou manifesto nem bateu no peito nem encheu a boca exigindo justiça — nem as feministas, nem os intelectuais e artistas, nem os professores e estudantes da universidade *com* partido, nem as ONGs de direitos humanos, nem os ativistas das bandeiras identitárias, nem os virtuosos canceladores de plantão, nem os youtubers antifascistas, nem os banqueiros progressistas, nem os *digital influencers* ecossocialistas, nem os ministros do STF, nem a turma do "Somos 70% (mas não sabemos fazer conta)", nem os justiceiros sociais, nem os *black blocs*, nem muito menos os políticos dos partidos de esquerda.

Ninguém passou meses postando nas redes sociais as hashtags #QuemMatouAnaCristina? e #QuemMatouBrunaCarla? Simplesmente não estavam interessados.

Nenhuma atriz de telenovela ou cantora de axé postou foto com cara de indignada e a legenda "Mexeu com umas, mexeu com todas": Ana Cristina e Bruna Carla não dão ibope.

Nenhum colunista progressista da grande imprensa — hoje muitos vivem de apontar o dedo com nojinho para os seres inferiores, para o povo burro rotulado de nazista por não ter votado no candidato ou no partido que eles queriam — dedicou uma linha sequer aos assassinatos das duas jovens trabalhadoras. Inebriados da própria virtude, eles não tiveram tempo para lamentar mortes que não confirmam suas iluminadas teses.

Nenhuma entidade de defesa dos direitos das mulheres e das minorias falou em feminicídio ou preconceito, nem ofereceu apoio ou assistência às famílias das vítimas — como não ofereceu sequer uma palavra de solidariedade às famílias dos 106 policiais assassinados em serviço no Brasil somente até agosto de 2020.

Em suma, a "galera do bem" ficou calada.

Porque, para essa turma, a vida de Ana Cristina e Bruna Carla não importa.

Só importam aquelas vidas que eles podem capitalizar politicamente.

Só importam aquelas vidas que podem ser usadas para sabotar adversários políticos, ou que sejam simbolicamente apropriáveis como ferramentas de uma agenda ideológica.

Se Ana Cristina e Bruna Carla tivessem sido mortas por balas perdidas de policiais, seria muito diferente. Mas a galera do bem não faz protesto contra bandido e traficante.

Há décadas, brasileiros honestos e trabalhadores que vivem em comunidades são reféns da violência da bandidagem associada ao tráfico de drogas: lá são os bandidos que ditam as regras, determinam quem pode entrar e sair, fazem revista nos moradores, impõem toque de recolher, mandam fechar o comércio e determinam as penas de uma Justiça particular, na qual, por exemplo, pequenas contravenções podem ser punidas com um tiro na mão.

Mas, contra bandido e traficante, ninguém faz protesto.

Nesse ambiente de filme de terror, meninas são cotidianamente estupradas mal saem da infância; casas de família são invadidas e usadas como depósitos de armas e esconderijo de marginais; mochilas de estudantes são usadas para transportar drogas; crianças são requisitadas como escudos humanos em confrontos com a polícia; adolescentes ostentam armamento pesado no meio da rua, em plena luz do dia, intimidando moradores e decretando a lei do silêncio.

Os tribunais sumários do tráfico não respeitam mulheres, que podem ter a cabeça raspada no meio da rua, em rituais medievais de humilhação.

Não se tem notícia, contudo, de um único protesto dos lacradores contra essa situação. O traficante pode torturar, estuprar e matar, e os virtuosos do "ódio do bem" ficarão mudos.

Há muito tempo o Rio de Janeiro e outras capitais do país estão sob intervenção dos bandidos e traficantes.

Mas, contra bandido e traficante, ninguém faz protesto.

* * *

Citei acima diversos grupos que ficaram e vão continuar mudos diante dos dois assassinatos, mas que, por uma questão de honestidade moral, deveriam demonstrar indignação e protestar contra a morte de duas mulheres inocentes por ladrões e traficantes.

Ou, então, que assumam logo que sua indignação é seletiva, e que não estão preocupados com todas as vítimas da violência, mas apenas com aquelas vítimas que interessam à sua agenda. (Na verdade, eles já estão assumindo isso, com seu silêncio ensurdecedor.)

Mas dois grupos em especial tinham o dever de se manifestar sobre as duas mortes, especialmente a de Ana Cristina, já que tiveram participação direta na situação dramática vivida em 2020 pelos moradores das comunidades do Rio de Janeiro: os políticos de esquerda e os ministros do STF.

Como se sabe, no dia 5 de junho de 2020 um ministro do Supremo concedeu uma liminar *proibindo a realização de operações policiais em favelas do Rio de Janeiro* durante a pandemia de Covid-19, sob pena de serem responsabilizados civil e criminalmente.

É isso mesmo: um traficante pode tocar o terror na comunidade, mas se um policial for lá tentar proteger os moradores e houver confronto, será ele, o policial, quem será responsabilizado civil e criminalmente.

A decisão do STF foi motivada por um pedido de um partido de esquerda, vale a pena repetir, para que fossem interrompidas as ações policiais nas comunidades durante a pandemia. Alguém ficou surpreso com a origem do pedido?

Para a população honesta e trabalhadora (que não dispõe, como os políticos, de segurança particular), à tragédia da Covid-19 se somou assim a tragédia da carta branca para a bandidagem tomar conta das comunidades, sem nenhum risco de repressão policial. Em 5 de agosto, o plenário do Supremo referendou a liminar, pelo placar de 9 votos a 2.

Um deputado emitiu uma nota comemorando a decisão: "É uma decisão histórica. Talvez seja a mais importante vitória contra o racismo institucional. O STF decide em favor da vida e deixa claro que vidas negras importam".

Como se o problema fosse o policial que trabalha colocando a própria vida em risco para proteger a dos outros, e não o traficante que barbariza a população local; ou como se solução para a segurança nas comunidades fosse, simplesmente, a extinção da polícia.

As vidas e Ana Cristina e Bruna Carla não importam.

O escândalo dos palavrões e o falso moralismo

EM 22 DE MAIO, O MINISTRO DO STF CELSO DE MELLO DECIDIU RETIRAR O sigilio da gravação de uma reunião realizada um mês antes pelo presidente Jair Bolsonaro com seus ministros. Justificou-se o ineditismo da medida com o fato de que a reunião foi apontada pelo ex-ministro da Justiça Sergio Moro como prova de que o presidente tentou interferir na autonomia da Polícia Federal.

A montanha pariu um rato. Tudo que a mídia alvoroçada conseguiu produzir com base na gravação foram manchetes do tipo "Reunião ministerial de Bolsonaro teve ao menos 43 palavrões". [28] Oh! O escândalo do século! Como se sabe, vivemos na Dinamarca, e nosso maior problema é a boca suja dos políticos.

Estou entre aqueles que acharam que a divulgação fortaleceu o presidente, o que não significa aprovar tudo que foi dito ali. Mas houve também quem identificasse na gravação motivos para uma grande indignação.

No fim das contas, o que verdadeiramente importa no vídeo da reunião é que ele mostra que o presidente é o que é — e esta é uma das razões pelas quais ele foi eleito. Bolsonaro pode ter um lado boçal, mas é de verdade. E a maioria do povo brasileiro pouco se importa com isso, porque está cansada de políticos que são de mentira, que fingem ser o que não são e não são o que fingem ser.

Parece que a esquerda — aí incluída a mídia dominada pela militância — ainda não enxergou isso, ou finge que não enxergou. Ela teima em tocar os mesmos atabaques de sempre, fazendo de tudo pretexto para tentar sabotar e derrubar o governo eleito com 58 milhões de votos.

Em reuniões a portas fechadas de governos passados, discutia-se como aparelhar o Estado, planejava-se como saquear os fundos de pensão e se acertavam as propinas dos contratos da Petrobras que bancariam um projeto de perpetuação no poder. Curiosamente, o Judiciário nunca se atreveu a quebrar o sigilo de nenhuma reunião daqueles governos.

Já na reunião ministerial do dia 22 de abril de 2020, tornada pública por decisão do STF, não houve menção alguma a esquemas de corrupção. Mas a oposição e a mídia ficaram revoltados... com o que mesmo? Com a linguagem chula do presidente e de alguns ministros: *"Ain*, que horror, falaram 43 palavrões...". De novo: oh!

Houve jornalistas que, fazendo-se de muito chocados, se deram ao trabalho de enumerar os termos grosseiros, como se estivessem dando um furo de reportagem ou prestando um grande serviço à nação.

A isso se reduziu o jornalismo *mainstream*? Fazer contabilidade de palavrões?

Curiosamente, muitos que condenaram a boca suja do presidente não se constrangem em apoiar políticos corruptos condenados. Escândalos de corrupção dos governos passados? Não estavam nem aí. Mas palavrões, isso não, para tudo tem limite! Ficha suja tudo bem, mas boca suja é inaceitável! Tempos estranhos.

O ESCÂNDALO DOS PALAVRÕES E O FALSO MORALISMO

Pensando bem, não chega a ser surpreendente ver jornalistas e intelectuais que acharam fofas e muito educadas expressões como "grelo duro" e "enfiem a panela no **!" agora se fazerem de recatados e ofendidos, como se fossem madres superioras de um convento de virgens. Hipocrisia, a gente se vê por aqui.

Esses mesmos arautos dos bons costumes acharam muito bonito quando um artista ficou pelado na frente de crianças em um museu, ou quando manifestantes enfiaram crucifixos no ânus em passeatas. Claro, o verdadeiro sacrilégio é o palavrão.

Trata-se, evidentemente, de um falso moralismo, de uma indignação fingida e cínica. Um amigo acertou na mosca: "Eles querem que a realidade se curve ao discurso que usaram para depenar o país durante 15 anos. E dá-lhe sentimentalismo, histeria de mentira, sensibilidade seletiva, humanismo de celebridade".

Não está mais colando, felizmente. Mas eles insistem. Não entenderam que, se continuarem agindo dessa maneira, ajudarão a reeleger Bolsonaro em 2022.

* * *

Voltou a circular nas redes sociais uma frase atribuída a Winston Churchill: "Os fascistas do futuro chamarão a si mesmos de antifascistas". Parece que Churchill nunca disse isso, mas não importa: independentemente da autoria, a frase é corretíssima.

Não há hoje discurso mais intolerante e cheio de ódio que o da "galera do bem", que se julga moralmente superior e muito democrática, mas está sempre pronta a condenar, esfolar e destruir quem pensa de forma diferente. E é essa gente bonita e amorosa que diz defender a tolerância.

A turma que se considera detentora do monopólio da virtude tem outras características fáceis de identificar: andam e agem sempre em matilha (porque abominam o indivíduo e só se garantem no coletivo); pensam e falam por meio de slogans e frases feitas ("Não vai ter Copa!", "Fica, Dilma!", "Fora, Temer"!, "Ele não!", "Lula livre!" etc.); e costumam adotar discursos vitimistas que sempre colocam no outro a culpa e a responsabilidade pelo seu próprio fracasso.

São, no mais das vezes, pessoas sem talento e sem luz própria, cujo único prazer é tentar apagar a luz dos outros — porque foi a única coisa que lhes ensinaram em sala de aula. Foram presas fáceis para a doutrinação nas escolas e universidades, simplesmente porque a esquerda lhes ofereceu um simulacro de sentido para suas vidas vazias e inúteis: o reconhecimento da tribo representa uma compensação moral e psicológica muito fácil e barata para quem só sabe se fazer de vítima e reclamar, para quem acha que tem todos os direitos e nenhum dever.

Além do assassinato de reputações, os praticantes do ódio do bem vêm se dedicando a matar palavras: a última moda nas redes sociais é chamar o presidente de genocida. Depois de distorcerem o significado do Fascismo, resolveram esvaziar também a palavra "genocídio" de sentido. Até parece que acreditam que o presidente é responsável pela pandemia e que ele deseja que milhares de brasileiros morram — como se ganhasse alguma coisa com isso.

Mas não acreditam. Mais uma vez, é tudo fingimento e cálculo doentio.

Eu, pessoalmente, defendi a quarentena e julguei o isolamento social necessário para achatar a curva de casos e óbitos, com base em tudo que li e levando em conta a precariedade do nosso sistema de saúde — que, aliás, Lula descreveu como "próximo da perfeição", mas que sempre esteve à beira do colapso, desde muito antes da chegada do vírus. Mas, apesar de discordar

O ESCÂNDALO DOS PALAVRÕES E O FALSO MORALISMO

de Bolsonaro em muitos temas, eu sei — e essas pessoas que apontam o dedo para o presidente também sabem — que no dia 15 de abril de 2020 o plenário do STF delegou aos governadores a competência de tomar decisões relativas à pandemia.

Ou seja, em nenhum estado deixou de haver quarentena por culpa de Bolsonaro, simplesmente porque ele não tinha poder para isso. Todas as decisões, tanto as boas quanto as ruins, para deter a disseminação descontrolada da pandemia foram tomadas pelos estados e municípios, de cujos governantes se deveria cobrar a responsabilidade pelos resultados.

Vale lembrar, aliás, que em muitos estados foram feitas compras superfaturadas de respiradores que nem sequer foram entregues, e foi encomendada — a toque de caixa e por valores suspeitos — a montagem de hospitais de campanha que nunca ficaram prontos, ou que foram inaugurados sem os equipamentos adequados nem médicos suficientes para fazê-los funcionar, ou que simplesmente ficaram desertos.

Nesta crise, mais do que em qualquer outra, o Brasil está se comportando de fato como uma federação. O Executivo federal bem que tentou assumir o comando, mas, por obra do Supremo, quem decide se vai seguir ou não as orientações são os governadores. Diversos deles se recusaram, por exemplo, a permitir a reabertura de academias e salões de beleza sugerida por Bolsonaro em um determinado momento da pandemia.

E não se trata aqui de saber quem está certo (o tempo vai dizer), mas de constatar que, nesse contexto, chamar o presidente de genocida é apenas sinal de má-fé e desonestidade intelectual — ou, na melhor das hipóteses, burrice.

Educação de faz de conta: uma tragédia anunciada

"A CRISE DA EDUCAÇÃO NO BRASIL NÃO É UMA CRISE: É UM PROJETO", afirmou Darcy Ribeiro. Mais que uma frase de efeito, parece se tratar de um diagnóstico preciso e sempre atual das políticas públicas voltadas para a educação no país já há muitas décadas.

Lembrei da declaração de Darcy ao me deparar com a entrevista de um especialista e empresário da educação. Ele falava sobre a situação da rede pública de ensino, no contexto da pandemia de Covid-19. O título da matéria era: "Única saída para a rede pública é não reprovar ninguém".

Brilhante! Às favas o desempenho e o real aprendizado dos alunos. Mas, neste caso, já que é tudo mesmo um faz de conta, não seria melhor distribuir logo os diplomas? Pouparia tempo e recursos públicos. Se o aluno não precisa aprender para ser aprovado, ir à escola para quê?

A justificativa do especialista: aprovando todo mundo, a evasão escolar será menor. Como ninguém pensou nisso antes?

Considerar como "única saída" aprovar automaticamente, sem nenhuma avaliação que permita aferir a qualidade do conteúdo transmitido pelo professor e assimilado pelo aluno, só é concebível em um país no qual o papel da escola não é mais ensinar e preparar para a vida, mas apenas cumprir tabela. E assim (ou nem assim) se melhoram os indicadores da Educação no Brasil.

A premissa é essa mesmo. Desde a aprovação da Lei de Diretrizes e Bases da Educação,[29] em 1996, as escolas das redes municipais e estaduais estão autorizadas a adotar o regime pomposamente chamado de "progressão continuada", no qual é proibido reprovar o aluno da primeira à quarta série do ensino fundamental — porque, como já declarou uma professora, quando você reprova "mexe com a autoestima do aluno".

Ficou assim decretado que um aluno jamais será reprovado por preguiça ou falta de esforço, dedicação e compromisso: a culpa será sempre da escola, da professora excessivamente rigorosa, dos pais que se separaram ou outro problema qualquer.

Ou seja, Joãozinho pode ser preguiçoso, pode se recusar a aprender a ler e ignorar solenemente a tabuada, pode tocar o terror em sala de aula (quando não estiver gazeteando) e pode tirar zero em todas as provas (aliás, fazer provas para quê?): mesmo assim ele será aprovado.

Mas, vejam, segundo os especialistas não se trata de aprovação automática, mas de "progressão continuada". Na prática, a única diferença entre as duas é o nome. Joãozinho continua analfabeto e sem saber somar dois mais dois, mas passou de ano e está com a autoestima elevada. Mas um dia a vida vai ensinar a Joãozinho que, no mundo real dos adultos com boleto para pagar, não é assim que funciona.

* * *

Supostamente, a progressão continuada prevê a evolução dos alunos com base em "ciclos de aprendizado", com o objetivo de manter as crianças na escola e diminuir o índice de evasão. O fim é nobre, mas o meio é um desastre.

Na teoria, os alunos medíocres automaticamente aprovados receberiam, ao longo do ciclo, um acompanhamento personalizado completo, com a retomada, na série seguinte, dos conteúdos não assimilados, para que todos cheguem ao final do ciclo no mesmo nível (que será inevitavelmente muito baixo, já que o tempo dedicado a ensinar novos conteúdos para quem aprendeu será gasto repassando antigos conteúdos a quem não aprendeu; como o tempo é finito, não é difícil prever o resultado).

Também na teoria, os alunos que chegarem ao final do ciclo sem um desempenho satisfatório serão reprovados e repetem o ciclo inteiro de quatro anos. Ainda que fosse verdade, seria um método estúpido, pois um aluno poderia ter repetido só o primeiro ano e completado o ciclo em cinco anos, enquanto no modelo da progressão continuada, se ele for reprovado terá que repetir o ciclo inteiro de quatro anos.

Mas, na real, no fim do ciclo todos são aprovados. Sem orientação, incentivo nem cobrança, o aluno chega ao final do ciclo básico sem ter adquirido as competências mínimas esperadas — mas avança para o ciclo seguinte sem estar preparado.

Alguém acredita que isso pode dar certo?

Evidentemente, a culpa não é do aluno nem do professor (os dois na verdade são vítimas), mas do sistema criminoso que transforma a Educação no Brasil em um reino do faz de conta. Mas o pior é que a solução brilhante apontada pelo empresário-especialista como "única saída" já vem sendo colocada em prática há muito tempo. A única novidade é que a pandemia permite chamar as coisas pelo nome: aprovação automática. Mas não importa o nome, o desastre é o mesmo.

Cada vez mais a educação no Brasil é um teatro no qual professores fingem que ensinam e estudantes fingem que aprendem. A encenação começa no ensino básico e vai até a formatura no curso superior, prolongando-se em alguns casos até o pós-doutorado — ainda mais depois da proliferação de universidades de mentirinha (as "uni esquinas") no período em que o PT ficou no poder.

O modelo da progressão continuada/aprovação automática pode funcionar na Suécia ou na Finlândia, mas no Brasil — onde falta até giz nas escolas, e onde professores são rotineiramente agredidos por alunos (às vezes armados) dentro da sala de aula (isso quando as escolas não estão fechadas por ordem do traficante local, nem paralisadas por greves intermináveis promovidas pelas dezenas de sindicatos da área) — a adoção desse modelo é uma tragédia anunciada, cujo resultado previsível, governo após governo, é a queda da qualidade do ensino (ainda que alguns indicadores vinculados à taxa de aprovação digam o contrário).

Mas, mesmo com essa metodologia absurda, números do Ideb (Índice de Desenvolvimento da Educação Básica) sinalizam que menos de um terço dos estudantes chega ao final do ensino básico com a proficiência esperada em Português, e menos de um quinto em Matemática.

Há vários anos as metas, que já são baixas, não são atingidas: em 2019, por exemplo, o objetivo era atingir nota 5, mas o resultado ficou em 4,2. Além disso, o último relatório do PISA, o mais importante ranking da educação do planeta, mostra que o Brasil continua estagnado nas últimas colocações, entre os 79 países avaliados.

O modelo da progressão continuada/aprovação automática é um desastre, uma farsa, um deboche e um desrespeito ao trabalho de professores abnegados que, pressionados a não reprovar, lidam a cada ano letivo com alunos mais despreparados — porque, como é óbvio (menos para os especialistas), sem uma boa base é impossível para um estudante assimilar conteúdos mais complexos. Mas não importa, o objetivo foi alcançado: diminuir o índice de repetência e evasão escolar e preservar a autoestima do estudante.

* * *

Em vez de tentar corrigir o problema da Educação no ponto de partida — o ensino básico —, de forma a perseguir e promover a igualdade de oportunidades, optou-se por um simulacro de solução na linha de chegada, com cotas para todos os gostos e farta distribuição de diplomas a futuros desempregados.

Hoje, sobretudo (mas não somente) nos cursos de Humanas, o cidadão muitas vezes sai da faculdade em situação de analfabetismo funcional e sem nenhuma qualificação profissional que lhe permita ser absorvido pelo mercado de trabalho e enfrentar os desafios da vida adulta — mas o que interessa é que ele tem um diploma.

Enquanto a educação básica continua um lixo, com o futuro de gerações inteiras sendo sacrificado no altar do politicamente correto, nossos acadêmicos estão preocupados com pautas identitárias, como demonstra o programa de pós-graduação em ensino de Matemática que abriu recentemente inscrições na UFRJ: a grade inclui os temas "Educação em ciências e matemática para diversidade sexual e de gênero e justiça social" e "Descolonialidade e relações étnico-raciais na educação em matemática e ciências". (Depois os acadêmicos não entendem quando o trabalhador que rala e paga impostos se revolta e vota na direita):

Em seu plano de Governo, Jair Bolsonaro escreveu: "Além de mudar o método de gestão, na Educação também precisamos revisar e modernizar o conteúdo. Isso inclui a Alfabetização, expurgando a ideologia de Paulo Freire, mudando a Base Nacional Comum Curricular (BNCC) e impedindo a aprovação automática".

Ele estava certíssimo. Sabemos que as resistências são enormes, mas está faltando pôr isso em prática.

As condições para um *impeachment*

No segundo semestre de 2018, ainda durante o Governo Temer, lancei o livro "Guerra de narrativas — A crise política e a luta pelo controle do imaginário", uma análise dos últimos anos do PT no poder, tomando como ponto de partida os protestos de 2013, e do processo que levou ao *impeachment* de Dilma Rousseff, entre outros temas.

Já no primeiro capítulo, atribuí o êxito daquele processo de afastamento da presidente a uma rara conspiração de fatores, incluindo a ação conjunta de cinco atores: o mercado, as ruas, a classe política, o Judiciário e a mídia.

Para levar a cabo o impedimento legítimo de um presidente, argumentei, não bastam as condições políticas e jurídicas estabelecidas pela lei. É indispensável a ação coordenada, complementar e convergente desses cinco atores: a não adesão de qualquer um deles torna o *impeachment* de um presidente muito difícil no Brasil.

Assim, foi somente quando Dilma conseguiu a façanha de unir esses cinco atores contra ela que seu governo começou efetivamente a cair. E o cenário que permitiu isso produziu aquilo que a própria ex-presidente — aquela que não fixava meta porque queria dobrar a meta, falava em estocar vento e saudava a mandioca — denominava de "tempestade perfeita".

Quando o processo de *impeachment* foi aberto na Câmara dos Deputados, a economia brasileira colapsava, após dois anos seguidos de forte recessão, com inflação de dois dígitos e desemprego elevado; as ruas, que já tinham deixado de ser propriedade dos militantes petistas desde junho de 2013, reuniam protestos populares cada vez maiores; a mídia, após anos de condescendência com o vasto esquema de corrupção montado para a perpetuação de um projeto de poder, se rendia ao peso da pressão popular; no Judiciário, pressionado pelas sucessivas etapas da Operação Lava-Jato, a situação de Dilma também só piorava; por fim, o Congresso, que nunca foi exatamente dilmista, fez a sua parte.

Mais do que pelos crimes de responsabilidade efetivamente cometidos, portanto, Dilma Rousseff — como, aliás, Fernando Collor — caiu porque as ruas, o mercado, a classe política, a mídia e o Judiciário se uniram contra ela.

Já Michel Temer, mesmo nos momentos mais críticos de seu mandato-tampão, só teve contra ele a mídia e alguns ministros do STF, além do então procurador-geral da República — que mais tarde ficaria famoso por confessar ter planejado matar a tiros um ministro do Supremo. Mas estes perderam a aposta na queda de Temer, porque nem as ruas, nem o mercado nem a classe política se mobilizaram para afastá-lo.

* * *

Um *impeachment*, como se sabe, é um mecanismo constitucional e democrático que exige dois requisitos: o jurídico e o político. Isso significa que um eventual crime de responsabilidade é causa necessária, mas não suficiente, para desencadeá-lo. Em outras palavras, crimes de responsabilidade fornecem a condição jurídica, mas sem as condições políticas o processo não anda. E as condições políticas, por sua vez, podem depender da ação articulada dos cinco atores citados acima, que só muito raramente têm agendas coincidentes.

Por exemplo, quando explodiu o escândalo do Mensalão, nos primeiros anos do primeiro governo Lula, ficou explícita a existência do requisito jurídico para o afastamento do presidente. Mas faltavam as condições políticas: diante da popularidade de Lula (que até chorou na televisão, alegando ter sido enganado), dos indicadores econômicos positivos, da boa vontade da mídia e do silêncio das ruas, não havia como fazer a engrenagem do *impeachment* se mover.

Além disso, naquele momento a "esperta" oposição julgou mais inteligente deixar Lula "sangrar" até o fim do mandato — e deu no que deu: ele se reelegeu e depois elegeu Dilma em seu lugar. Ainda assim, com toda a sua popularidade, Lula foi alvo de nada menos que 34 pedidos de *impeachment* — 25 no primeiro mandato e 9 no segundo.

Aliás, depois do afastamento de Collor, em 1990, todos os presidentes que tomaram posse — até mesmo o pacato Itamar Franco (que ficou famoso por tentar ressuscitar o Fusca e por ser fotografado em um camarote do Carnaval ao lado de uma atriz sem calcinha) — foram alvos de pedidos de *impeachment*. Foram quatro pedidos contra Itamar, 17 contra Fernando Henrique Cardoso, os 34 já citados contra Lula, 48 contra Dilma e 30 contra Michel Temer. Ao todo, 133; só um foi até o fim. Todos os outros foram arquivados.

Por tudo isso, o fato de terem sido protocolados, só até meados de 2020, mais de 30 pedidos de *impeachment* contra Jair Bolsonaro não deve ser superestimado. Um exame do comportamento recente dos cinco atores citados acima sugere que não existem as condições necessárias para que um processo de *impeachment* prospere, pelo menos por enquanto.

O COMPORTAMENTO DO MERCADO

Ainda que se avizinhe uma recessão forte e prolongada, no contexto da pandemia do coronavírus ninguém de boa-fé poderá atribuir a responsabilidade pela crise econômica ao presidente (caso bem diferente de Dilma, cuja política econômica errática e equivocada foi diretamente responsável por jogar o país no buraco). Aliás a Bolsa, que é o termômetro do humor do mercado, recuperou boa parte das perdas motivadas pelo pânico provocado pelo coronavírus em março — tendo voltado ao patamar de 105 mil pontos no momento em que escrevo. É claro que tudo vai depender de até quando essa pandemia vai durar — e da capacidade (e velocidade) da recuperação econômica do país quando a pandemia passar.

O COMPORTAMENTO DAS RUAS

É claro que o isolamento social imposto pela pandemia ajudou a dificultar manifestações de rua contra Bolsonaro, mas não foi só isso. Apesar de alguns panelaços dos inimigos de sempre, ainda não há nada que sequer se aproxime da mobilização popular que foi um fator fundamental para afastar Dilma do poder. Evidentemente, a pandemia piora o humor de uma parcela da população, de brasileiros comuns, sem agenda ideológica, em relação ao governo. Mas, por outro lado, os brasileiros mais pobres foram atendidos pelo auxílio emergencial, e quando a pandemia passar e a economia começar a se recuperar o mau humor da classe média tenderá a melhorar.

O COMPORTAMENTO DO CONGRESSO

Ainda que pelos motivos errados, a classe política é o ator que reage de forma mais racional e pragmática aos acontecimentos. Em alguma medida, a relação de morde e assopra entre o Executivo e o Legislativo refletiu uma disputa por cargos e poder na qual pedidos de *impeachment* funcionaram como moeda de troca, em um momento em que o isolamento social ameaçou ensejar o isolamento político do presidente.

Não deixa de ser sugestivo que a primeira reação de Rodrigo Maia à tensão provocada pelo ex-ministro Sergio Moro — quando o herói da Lava-Jato decidiu deixar o governo para iniciar sua carreira solo na política — tenha sido colocar panos quentes, com declarações do tipo: "A prioridade é o coronavírus".

A aproximação em curso com o Centrão, que acumula cada vez mais poder (e verbas) no governo, tende a proteger Bolsonaro de qualquer ação mais hostil do Legislativo, ainda que tenha um custo simbólico: pode-se argumentar que o presidente está se rendendo às pressões da velha política, tendo sido eleito para combatê-la.

Mas sempre se poderá contra-argumentar que no Brasil é impossível governar sem fazer concessões ao Congresso — ainda mais com a sabotagem violenta da oposição e no contexto da atual pandemia. E é do Congresso que depende, em última instância, o andamento de qualquer processo de *impeachment*.

O COMPORTAMENTO DO JUDICIÁRIO

Embora haja periodicamente decisões estapafúrdias de ministros do STF, em parte como reação a falas intempestivas e destemperadas do presidente, o Supremo geralmente tende a aguardar os acontecimentos — e nem pode agir sem ser legalmente provocado.

Parece haver, em todo caso, uma divisão interna do colegiado, como demonstrou o desconforto causado em alguns ministros pela decisão monocrática de Alexandre de Moraes de impedir a posse de um diretor na Polícia Federal, em abril de 2020[30] (decisão que incomodou Dias Toffoli e foi classificada como "algo nefasto" por Marco Aurélio Mello).

O COMPORTAMENTO DA MÍDIA

Alguém já disse que, numa guerra, a primeira vítima é a verdade. Mas na guerra de narrativas em curso já há vários anos no Brasil a credibilidade da grande mídia também já foi miseravelmente abatida. Os grandes veículos de comunicação abriram mão até do esforço para manter a aparência de imparcialidade.

A isso se somou um ambiente em que a verdade perdeu sua relevância moral: independentemente do lado em que estamos, mentir a nosso favor ou mentir contra nossos adversários passou a ser prática comum e aceitável. Fato é que a mídia parece hoje bem menos poderosa do que já foi. Mas, se a situação piorar e ela sentir cheiro de sangue, sua contribuição também será necessária, como ocorreu no *impeachment* de Dilma.

Outro fator a considerar é que, na hipótese remota de impedimento de Bolsonaro, assumiria o general Hamilton Mourão

— o que pode desencorajar a movimentação de alguns atores, por diferentes motivos. Uma coisa é certa: o próximo presidente que assumir, seja quem for, quando for e de que partido for, também será alvo de vários pedidos de *impeachment*. No Brasil, isso já faz parte da rotina e do jogo político.

Pedagogia da lacração: a língua portuguesa sob ataque

SEGUNDO FOI NOTICIADO EM DIVERSOS VEÍCULOS DE COMUNICAÇÃO, na segunda semana de novembro de 2020 os pais de alunos de uma escola tradicional de elite, localizada em um bairro nobre do Rio de Janeiro, foram surpreendidos pela circular reproduzida na próxima página. É um texto que merece ser analisado com algum detalhamento.

A primeira constatação óbvia é que a língua portuguesa está sob ataque, e não é de hoje. Está em curso um deliberado e persistente trabalho de erosão do significado das palavras e da própria estrutura do idioma, com a chamada norma culta sendo desqualificada e substituída pela complacência em relação a erros crassos de gramática e sintaxe.

Falar o português correto virou sinônimo de elitismo autoritário e preconceito contra os pobres que não tiveram oportunidade de receber educação de qualidade. A proposta não é melhorar e universalizar a educação básica, de forma a garantir oportunidades para todos, mas baixar o nível de toda a educação, para que todos se sintam igualmente incapazes e felizes — o que está diretamente relacionado com a farsa (e a tragédia) da aprovação automática, tema de outro capítulo deste livro.

Rio de Janeiro, 10 de novembro de 2020.

Prezada comunidade escolar,

  Renovando diariamente nosso compromisso com a promoção do respeito à diversidade e da valorização das diferenças no ambiente escolar, tornamos público o suporte institucional à adoção de estratégias gramaticais de neutralização de gênero em nossos espaços formais e informais de aprendizagem.

  A neutralização de gênero gramatical consiste em um conjunto de operações linguísticas voltadas tanto ao enfrentamento do machismo e do sexismo no discurso quanto à inclusão de pessoas não identificadas com o sistema binário de gênero. Nesse sentido, acolhemos ativamente demandas legítimas da sociedade, permitindo a docentes e estudantes que manifestem livremente sua identidade de gênero e contribuindo para uma representação mais digna e igualitária dos diferentes gêneros. Assim, a substituição da expressão "queridos alunos" por "querides alunes", por exemplo, passa a incluir múltiplas identidades sob a marcação de gênero em "e". Alternativas como "queridos alunos e queridas alunas", igualmente, mostram-se viáveis ao evitar a representação de todos os gêneros exclusivamente pelo masculino.

  A marcação neutra de gênero compareceu a diversas categorias gramaticais no passado de nossa língua, tendo-se apagado parcialmente com o passar do tempo, em razão da coincidência das formas linguísticas neutras com as masculinas, em muitos contextos. Sendo a língua um organismo vivo e pulsante, suscetível a mudanças históricas, compreendemos que seu uso reflete as transformações pelas quais a sociedade também passa. Em razão dessa convicção, entendemos como autêntica a reivindicação da reinclusão do neutro na expressão linguística cotidiana.

  Cabe ressaltar que essa iniciativa não configura, absolutamente, a obrigatoriedade da adoção de estratégias de neutralização do gênero pelo corpo discente ou docente – até mesmo porque a normatividade linguística inerente à redação de documentos oficiais ainda configura certa restrição a esses usos. No entanto, convidamos a comunidade escolar a refletir sobre a possibilidade de acolhimento dessa proposta nas práticas diárias, a fim de promover uma cultura escolar baseada em princípios de tolerância, inclusão e paz.

  A compreensão de que o pleno domínio da linguagem faculta ao cidadão crítico a circulação entre os espaços de prestígio implica a responsabilidade de fazer bom uso desse instrumento de poder. Por isso, nossa escola compromete-se a manter postura atuante na promoção de debates sobre o tema, mobilizando o Comitê da Diversidade e da Inclusão para a organização de palestras virtuais em breve. Nossos canais de comunicação encontram-se abertos ao diálogo e ao esclarecimento de dúvidas.

        Atenciosamente,

        Direção Pedagógica

O que a circular enviada aos pais pela direção do colégio (de elite, repito) demonstra é que a destruição do idioma se transformou em mais uma bandeira do campo autodenominado progressista que domina as instituições de ensino (vale lembrar que a escola é um dos "aparelhos ideológicos de Estado" descritos pelo pensador marxista Louis Althusser).

O problema dessa patifaria ideológica é que, quando vendem para crianças e jovens a ideia de que conhecer as regras da própria língua não tem a menor importância, estão condenando essas crianças e jovens a uma existência limitada e medíocre.

Sem o domínio do idioma adquirido em seus anos de formação, um indivíduo adulto é incapaz de representar simbolicamente o mundo de forma adequada, bem como refletir criticamente sobre a realidade que o cerca. Que emprego decente um jovem adulto conseguirá se não souber conjugar os verbos corretamente, se ignorar a função dos pronomes e conjunções e não tiver um vocabulário minimamente adequado para se comunicar de forma eficiente?

Evidentemente, a destruição da língua portuguesa não é o objetivo final desse plano orwelliano de implantação de uma "novilíngua", mas apenas ferramenta de um experimento social cujas consequências esses estudantes só vão perceber lá na frente.

Mas nos limitemos aqui a analisar o texto da circular:

O absurdo da proposta já fica patente no cabeçalho da cartinha fofa endereçada aos pais. Se a proposta é neutralizar os gêneros da língua portuguesa, a primeira medida a ser tomada pelo colégio deveria ser trocar seu nome para "Colégie Franque-Brasileire", não?

Levada às últimas consequências, essa prática destruiria a língua portuguesa a ponto de tornar impossível qualquer comunicação. Como se estivessem falando em "língua do pê", as pessoas perderiam metade do tempo tentando decodificar o que seu interlocutor está tentando dizer.

Mais grave é a contradição da qual os redatores da circular parecem (ou fingem) não se dar conta: o texto fala em "promoção do respeito à diversidade" e "valorização das diferenças no ambiente escolar". Mas o que estão propondo é exatamente o oposto, uma vez que as "estratégias gramaticais de neutralização de gênero" começam por eliminar e empobrecer a diversidade da língua portuguesa, criando um gênero único que torna todos os indivíduos homogêneos e indiferenciados (ou *"todes es indivídues indiferenciades"*?).

Além de empobrecer a língua, a estratégia é apagar, na cabeça dos alunos, a consciência de suas distinções mais essenciais, a percepção daquilo que os torna diferentes uns dos outros como indivíduos, por serem traços estruturantes de suas identidades.

É, por assim dizer, um aquecimento linguístico para a implantação definitiva nas salas de aula da ideologia de gênero. Falsamente vendida, para enganar os inocentes úteis, como ferramenta de combate ao preconceito, a ideologia de gênero basicamente afirma que os gêneros são uma construção social, e que por isso deve ser permitido (ou mesmo estimulado) aos adolescentes experimentar de tudo antes de decidir qual orientação sexual vão escolher.

(Ora, tudo é construção social. Uma sociedade sem gêneros também será uma construção social, porque nenhum fenômeno social escapa da influência do contexto histórico e cultural em que acontece. Nem por isso decorre daí que fatos biológicos, como a divisão binária dos sexos, podem ser alterados por decreto.)

Atenção! Por óbvio, todo e qualquer preconceito baseado em orientação de gênero deve ser repudiado: pessoas adultas têm o direito de fazer suas escolhas, desde que de forma responsável e sem prejudicar ninguém. É inadmissível que indivíduos sejam desrespeitados por sua orientação sexual.

Mas tolerância se ensina com diálogo e exemplo, não por meio do estupro e assassinato da língua portuguesa. Combate ao preconceito não tem nada a ver com incutir em sala de aula na cabeça das crianças a ideia de que elas são "menines indiferenciades", com todas as consequências psicológicas e emocionais que isso poderá implicar no desenvolvimento e socialização dessas crianças no futuro.

Voltando à circular, vêm então as justificativas: o "enfrentamento do machismo e do sexismo no discurso" e a "inclusão de pessoas não identificadas com o sistema binário de gênero". A nobreza das bandeiras mal camufla o ridículo e o absurdo da solução proposta. Pressupor que passar a chamar alunos e alunas de "alunes" (ou, pior ainda, de "alunXs") vai eliminar o machismo e o sexismo da sociedade equivale a acreditar que suprimir a palavra "corrupção" do dicionário tornaria todos honestos, ou que proibir a palavra "miséria" erradicaria magicamente a pobreza.

A circular prossegue adotando uma premissa falsa. "Acolhemos (...) demandas legítimas da sociedade." De que sociedade se está falando? Desde quando a "sociedade" se mobilizou para eliminar o masculino e o feminino do idioma? Desde quando grupos minoritários representam "a sociedade", a ponto de um colégio de elite se sentir obrigado a violentar a língua portuguesa? Ou alguém acredita que a maioria dos brasileiros defende a neutralização dos gêneros no idioma?

Trago uma má notícia para a direção do colégio de elite: o Brasil real, o Brasil das comunidades, o Brasil dos lares e famílias de classe média, de pessoas que trabalham para pagar suas contas (incluindo as mensalidades caríssimas das escolas dos filhos) considera essa proposta apenas ridícula.

O texto continua: "A língua é um organismo vivo e pulsante, suscetível a mudanças históricas". Ora, isso é óbvio. O que os autores da circular não entendem (ou fingem não entender) é que essas mudanças sempre vieram "de baixo para cima": é a sociedade (não autoridades do governo, nem grupelhos ideológicos, nem muito menos a diretoria das escolas de elite) que determina como se darão (e isso ao longo de um processo que pode levar gerações) as transformações do idioma.

O que ocorre hoje é muito diferente: é a tentativa de decretar mudanças bruscas na marra, por parte de uma minoria de intelectuais e acadêmicos politicamente motivados e movidos por uma agenda ideológica obscura e alheia aos reais valores e interesses dos brasileiros comuns. Estes, aliás, estão preocupados com problemas mais sérios que a invenção autoritária de pronomes neutros — pauta que só interessa ao campo lacrador-progressista.

* * *

Originalmente chamado Lycée Français, o Colégio Franco-Brasileiro foi fundado em 1915. É uma escola cara, com mensalidade por volta de R$ 3 mil ou mais, dependendo da série, ou seja, é destinada basicamente a crianças e jovens de elite.

Essas crianças e jovens estão sendo submetidos, em uma fase crítica de sua formação como indivíduos e cidadãos, a um experimento social que afetará sua vida inteira. Quando, lá na frente, eles perceberem que lacração não paga boleto nem qualifica profissionalmente, seus professores de mimimi estarão longe. É uma covardia.

É revelador e sintomático que seja um colégio de elite o primeiro a adotar oficialmente a pedagogia da lacração. Mas a consequência de medidas como essa será apenas o distanciamento ainda maior entre a elite progressista da escola *com* partido e o Brasil real — que, aliás, elegeu um governo conservador, em parte, como resposta indignada aos ataques da esquerda a instituições como a família e a Igreja, como reação à persistente tentativa de destruir valores e de fazer das salas de aula um laboratório de lavagem cerebral da nossa juventude. Continuem fazendo isso e vão reeleger Bolsonaro no primeiro turno.

O melhor do Brasil é o brasileiro. O pior também

EU COSTUMO SENTIR CERTO INCÔMODO QUANDO SE APONTA O DEDO PARA pequenas espertezas do cotidiano para justificar grandes desvios e roubalheiras. Em anos recentes, essa prática foi muito utilizada para calar denúncias de esquemas corruptos bilionários.

Na época do escândalo do Petrolão, por exemplo, militantes petistas interpelavam qualquer crítico com argumentos do tipo: "Se você já estacionou em lugar proibido, furou uma fila, usou carteirinha de estudante falsa para pagar meia-entrada ou soltou um pum no elevador, não pode reclamar da corrupção!".

Quem ousasse falar mal do governo Dilma era imediatamente constrangido a ficar quieto por uma tropa de MAVs (Militantes em Ambiente Virtual): "Como você tem coragem de reclamar de propinas de milhões de reais se compra produtos piratas, compartilha senha da Netflix e está com o condomínio atrasado? Que vergonha!".

Aliás, além de perseguir e massacrar adversários políticos e de promover assassinatos de reputação em série, os MAVs produziam *fake news* em escala industrial — mas, curiosamente, nunca incomodaram a grande mídia nem os ministros do STF.

Nivelar desvios de bilhões de reais e pequenas fraquezas do cidadão comum é uma tática discursiva bastante eficaz, porque, evidentemente, a ética também deve pautar as pequenas decisões do dia a dia do cidadão, e não somente a conduta dos governos, políticos e grandes empresários.

O problema é que geralmente se usa essa tática para travar o debate, imobilizar as pessoas e silenciar qualquer crítica. Com o objetivo de desviar o foco do problema real, transfere-se a responsabilidade de governantes e empresários corruptos para toda a população.

Mesmo quando a intenção é boa, isto é, quando pessoas honestas chamam atenção para a importância de se comportar eticamente nas pequenas coisas, a consequência é a mesma: imobilidade e silêncio.

Ora, se o pobre coitado que não devolveu um troco errado é tão culpado pelas mazelas do país quanto o político e o empresário que se apropriam de fortunas em dinheiro público, melhor deixar quieto. Mas essas pessoas, sem querer, acabam fazendo o papel de inocentes úteis, manipuladas que são por aqueles que querem proteger seus bandidos de estimação.

Adotar esse discurso é esquecer que, quando todos são culpados por tudo, na prática ninguém é culpado de nada. Não falo só dos casos de corrupção: quando o Museu Nacional, no Rio de Janeiro, foi destruído por um incêndio, em vez de cobrar a apuração de responsabilidades e punição dos culpados, a sociedade e a mídia compraram e venderam a narrativa de que cada um de nós tinha sua parcela de responsabilidade — e tudo ficou por isso mesmo. A impunidade é a consequência lógica da relativização absoluta.

* * *

Pois bem, apesar do exposto acima, perdi mais um pouco da fé no Brasil ao ler que mais de 30% das famílias brasileira das classes A e B têm pelo menos um membro que solicitou o auxílio emergencial de R$ 600 — criado pelo Governo Federal para aliviar o sofrimento dos mais pobres, dos trabalhadores informais e dos desempregados, que em muitos casos ficaram sem ter o que comer por causa da pandemia. Pior: cerca de 70% dos pedidos foram atendidos, porque, para burlar as regras do programa, essas pessoas omitiram a renda familiar no cadastro do site da Caixa.

Não é a primeira vez que isso acontece, nem será a última: volta e meia aparecem denúncias de que milhões de reais foram roubados do Bolsa Família ou outros programas assistenciais, não somente por fraudes explícitas de profissionais da corrupção, como também por pessoas comuns que não reuniam os requisitos exigidos, mas solicitavam e sacavam o benefício mesmo assim.

A triste realidade é que, onde houver dinheiro público, sempre haverá brasileiros dispostos a surrupiá-lo — até mesmo em meio a uma tragédia como a atual pandemia de Covid-19. Porque, na cabeça de muitas pessoas, o dinheiro público não pertence a ninguém — e, portanto, roubá-lo não é exatamente roubá-lo de alguém.

Mas é.

Basta pensar nos respiradores e equipamentos médicos superfaturados, nos hospitais de campanha que não ficaram prontos e em outros escândalos que se multiplicaram e já estão sendo esquecidos, enquanto dezenas de milhares de pessoas adoeciam e morriam. Esse dinheiro, bem aplicado, poderia ter salvado vidas. Isso para falarmos apenas da pandemia de Covid-19.

Ou pensar nos 28 milhões de brasileiros invisíveis, cuja existência foi revelada pelo cadastramento no auxílio emergencial — brasileiros que, até o governo passado, foram solenemente ignorados, enquanto fortunas eram desviadas da Petrobras em tenebrosas transações por bandidos que diziam (e ainda dizem) representar o povo. Esse dinheiro, bem aplicado, poderia ter matado a fome de muita gente.

* * *

Ainda vigora em nosso país a Lei de Gerson, que autoriza todo brasileiro a obter vantagens de forma indevida, sem dar a mínima importância para questões éticas ou morais: se é para me locupletar, às favas os escrúpulos da consciência!

Essa lei exprime traços bastante característicos e nada lisonjeiros do caráter nacional, sobretudo a tendência disseminada a desrespeitar regras para se dar bem. Sua origem foi uma campanha publicitária de 1976 feita para uma marca de cigarro: o protagonista era o jogador de futebol Gerson, que dizia: "Gosto de levar vantagem em tudo, certo? Leve vantagem você também".

A intenção original do comercial talvez não fosse fazer o elogio da malandragem, e de certa forma é até injusto que o craque da seleção brasileira campeã mundial em 70 — conhecido como o "Canhotinha de Ouro" — tenha ficado associado pelo resto da vida a uma imagem de defesa do oportunismo e de comportamentos pouco éticos.

Mas, se existe uma lei que pegou e funciona no Brasil, é a Lei de Gerson.

Enquanto milhares de médicos, enfermeiros e outros profissionais da saúde colocavam a vida em risco, uma multidão de oportunistas fraudava o programa de auxílio emergencial para levar vantagem, não enxergando mal algum em embolsar dinheiro destinado aos pobres. O mais grave é que muitas dessas pessoas — esposas de empresários, filhos de família de classe média alta, aposentados bem de vida — nem sequer admitem que estão sendo desonestas:

"*Ain*... Eu sou da classe B, mas perdi meu emprego, sempre paguei impostos e tenho direito...". Não, você não tem. O programa não foi feito para você. Leia as regras.

"*Ain*... A situação ficou difícil para mim também, e não estou cometendo nenhuma fraude...". Sim, você está.

"*Ain*... Todo mundo faz, todos querem o melhor para si, que mal há nisso?". Se você não vê nenhum mal nisso, então talvez seja melhor assumirmos logo que somos uma nação de malandros e ladrões, pois não vemos mal nenhum em embolsar dinheiro destinado aos miseráveis. Certo?

Não importa em quem essas pessoas votaram, se são de direita e esquerda etc. Elas me fazem pensar que o Brasil não tem a menor possibilidade de dar certo. Diante de justificativas como as listadas acima, eu me rendo: quem é da classe A ou B e frauda o programa para receber o auxílio emergencial de R$ 600 não pode mesmo reclamar de corrupção dos governantes.

Outra campanha publicitária, bem mais recente que a da Lei de Gerson, afirmava que o melhor do Brasil é o brasileiro. Isso se aplica, seguramente, aos heróis anônimos da área da saúde que, frequentemente trabalhando em condições precárias, colocaram todos os dias a vida em risco para salvar a do próximo.

Mas o pior do Brasil também é o brasileiro. A pandemia do coronavírus está revelando o nosso pior e o nosso melhor.

Michael Moore revela verdades inconvenientes

A ENERGIA VERDE E RENOVÁVEL É UMA FARSA. ESTA É A CONCLUSÃO A QUE se chega assistindo ao documentário "Planet of the humans", de Jeff Gibbs, que ficou temporariamente disponível no YouTube, em abril de 2020, acumulando mais de 8 milhões de visualizações.

O que chama atenção é que o produtor executivo do filme é Michael Moore, o diretor de "Tiros em Columbine", "Fahrenheit 9/11" e outros documentários associados ao campo dito progressista. Alguém de quem não se esperaria que contestasse a narrativa ecomilitante.

Por isso mesmo, de aliado e *"social justice warrior"* Moore já passou a Judas Iscariotes da esquerda americana, que vem massacrando o ex-queridinho cineasta, a quem acusa de se ter vendido aos interesses corporativos do malvado capitalismo e da grande indústria baseada em combustíveis fósseis. Moore é mais uma vítima da pandemia da polarização que assola o planeta.

Na verdade, a mensagem de "Planet of the humans" é que estamos perdendo a guerra do meio ambiente justamente porque acreditamos em políticos, ativistas e empresários mal-intencionados e inescrupulosos.

Mas pouco importa: em mais um julgamento sumário, Moore foi condenado e devidamente "cancelado". Teve gente pedindo que o documentário fosse censurado e banido. Também teve gente criticando o fato de os cientistas e outros entrevistados no filme serem homens e brancos em sua maioria.

"Planet of the humans" foi acusado, ainda, de disseminar desinformação e de distorcer fatos básicos sobre a energia verde, comprometendo assim os esforços dos ambientalistas. Mas, embora tenham razão em tópicos específicos (quando apontam dados desatualizados sobre a vida útil dos painéis solares, por exemplo) ou claramente equivocados (caso do gráfico sobre a matriz energética da Alemanha), o fato é que os detratores do documentário ainda não conseguiram contestar de forma convincente os principais argumentos do documentário produzido por Moore.

O filme demonstra que a narrativa da economia verde é mentirosa porque:

- A energia verde jamais será capaz de substituir integralmente as fontes de energia convencionais, das quais ela aliás depende;
- Os processos envolvidos na fabricação dos painéis solares, dos carros elétricos e das estruturas necessárias para se explorar outras fontes renováveis, como o vento (que uma ex-presidente queria estocar), são poluentes, caríssimos e usam matérias-primas mais tóxicas que as fontes tradicionais de energia: a construção de uma única torre eólica, que tem um tempo de vida relativamente curto, consome cerca de 800 toneladas de aço, 2 mil toneladas de concreto e 40 toneladas de plástico não reciclável. Isso sem falar no problema da intermitência, que torna indispensável ter sempre uma tomada por perto.

E tudo isso vem sendo criminosamente escondido do grande público. O documentário pergunta por quê. E é por essa ousadia de questionar alguns mitos que o documentário deixou a esquerda enfurecida.

Por exemplo, o narrador Gibbs visita uma fábrica de biomassa em Vermont, que recebeu polpudos incentivos fiscais para, supostamente, gerar energia limpa queimando madeira de árvores plantadas para isso. Mas ele descobre que não é bem assim: para a madeira queimar, é preciso acrescentar ao forno pneus, lixo e outros materiais não renováveis, gerando mais poluição e comprometendo a saúde dos moradores da comunidade vizinha à fábrica.

Além disso, é necessária a queima de dezenas de milhares de toneladas de árvores por ano para gerar um resultado modesto em termos de energia. Em todo caso, queimar florestas para gerar energia "verde" parece uma contradição em termos.

O diretor também visita um festival de música que alega usar 100% de energia renovável, só para constatar que a energia efetivamente limpa produzida pelos painéis solares instalados mal dava para alimentar uma guitarra elétrica e uma torradeira — o resto da eletricidade vinha de geradores movidos a diesel.

São exemplos banais, mas que repetem um padrão: em todo empreendimento verde festejado pela grande mídia continuam sendo usados combustíveis fósseis sem os quais ele não seria viável. Em outras palavras, a energia verde, pelo menos nas formas como vem sendo desenvolvida até aqui, não resiste a uma análise básica de custo x benefício.

A energia verde é indissociável da civilização industrial que seus defensores supostamente combatem. Não existe energia verde sem consumo em larga escala de gás natural e outros combustíveis fósseis: a energia que pode ser efetivamente gerada por recursos renováveis como o sol e o vento corresponde a uma fração insignificante do que o planeta consome. Os ganhos de eficiência, quando existem, são residuais.

O problema ambiental, argumenta Gibbs, não será resolvido se não enfrentarmos a questão do crescimento exponencial da população e do consumo. Acreditar que é possível um crescimento infinito em um planeta com recursos finitos é correr na direção do abismo. Os ativistas da energia verde não estão fazendo nem cosquinha nessa corrida — estão apenas disfarçando o tamanho do problema, escondendo a ferida com um *band-aid*.

Mas, como *Planet of the humans* demonstra, tem muita gente faturando alto com o *marketing* da energia verde, inclusive algumas das corporações mais poluidoras do mundo — que, curiosamente, são também as principais patrocinadoras das instituições que supostamente defendem o meio ambiente.

Em vários momentos, o documentário demonstra os interesses econômicos ocultos por trás do investimento em fontes renováveis de energia: as carteiras dos fundos de investimento "verdes" estão cheias de ações de empresas que de verdes não têm nada.

Por que a narrativa da energia verde faz tanto sucesso, então? Justamente porque ela aplaca a má consciência das pessoas "do bem", dando a elas a ilusão de que será possível continuar a consumir sem limites e gastar como se não houvesse amanhã. A mensagem é que é possível continuar a escalada do crescimento de forma "limpa".

Não é. Mas essa ilusão é a receita perfeita para o *marketing* político de grupos que capitalizam dividendos se apresentando como os heróis e mocinhos que salvarão a natureza das garras de seus inimigos — ao mesmo tempo que aumentam barbaramente seus lucros. Como dizia Millôr Fernandes, desconfie de todo idealista que lucra com seu ideal.

MICHAEL MOORE REVELA VERDADES INCONVENIENTES

Após entrevistar diversos ecoativistas sobre a biomassa e só receber respostas evasivas, Gibbs pergunta: "O que eles estão escondendo? Apenas sua ignorância? Ou estão escondendo algo mais?". A sugestão clara é que o *establishment* ambientalista foi cooptado pelo mais predador capitalismo.

É preciso, portanto, ouvir com desconfiança empresários e políticos que adotam o discurso da energia verde. Mentiras estão sendo ditas, por inocência ou má-fé deliberada. Muitas pessoas estão sendo enganadas.

O Brasil, o paraíso da "galera do bem" que adora ser enganada por um discurso superficialmente progressista, também aparece no filme, aliás, em imagens de florestas sendo queimadas e crianças indígenas sendo expulsas de suas terras, devido à expansão da cultura de cana-de-açúcar para a produção de etanol.

E quem patrocina a bandeira do etanol no documentário? Ninguém menos que Al Gore, que ficou famoso por lançar, em 2006, um filme e um livro sobre as ameaças ao meio ambiente, "Uma verdade inconveniente". Gibbs lembra que Gore, vejam só, vendeu sua rede de TV à estatal Al Jazeera, recebendo milhões de dólares de um país cuja economia é inteiramente baseada em combustíveis fósseis. Aparentemente, algumas verdades também são inconvenientes para ele.

O líder ambientalista Bill McKibben, autor de "O fim da natureza", é outro que fica mal na fita. Quando confrontado com uma pergunta simples — quem financia o seu trabalho? —, ele tenta fugir do assunto, enrola-se todo e alega que não sabe de cabeça. Oi?

Um dos únicos efeitos positivos do coronavírus foi a rápida diminuição da poluição nas metrópoles, como mostram fotografias de satélite de diferentes países. O fluxo da vida econômica pode ser reduzido em prol do meio ambiente?

Deter o crescimento da população é uma saída sugerida por Moore e Gibbs. Quem estiver realmente preocupado com a questão ambiental deve refletir sobre temas assim, em vez de se deixar enganar pelo discurso bonzinho, mas enganador, da energia verde.

Três livros sobre a democracia de um lado só

O TÍTULO E O SUBTÍTULO DE "O POVO CONTRA A DEMOCRACIA — POR QUE nossa liberdade corre perigo e como salvá-la", de Yascha Mounk, são muito reveladores, e o conteúdo não surpreende. É mais um daqueles livros que, argumentando à base de adjetivos ("autoritário", "perigoso" etc.) e entendendo a política como uma disputa entre o bem e o mal, constroem uma narrativa terrorista que constrange o leitor a endossar suas conclusões — porque, caso não endosse, estará do lado daqueles que querem destruir os valores democráticos, dos quais o autor se arvora guardião. É a velha narrativa do "nós" contra "eles", implementada com tanto sucesso no Brasil desde que o PT chegou ao poder.

Se Mounk é o autodenominado zelador da democracia, depreende-se do título que o povo está errado — evidentemente, ele fala daquele povo que elegeu Donald Trump nos Estados Unidos e outras lideranças conservadoras e/ou de direita, em países da Europa, Ásia e América Latina.

Como o livro foi originalmente lançado em 2018, não deu tempo de incluir Jair Bolsonaro no rol de presidentes — democraticamente eleitos — que ameaçam jogar o mundo em uma nova idade das trevas, mas Mounk se prontificou a escrever um prefácio à edição brasileira.

Não foi uma boa ideia, porque o texto, aparentemente escrito de forma apressada, só serve para expor a fragilidade, as contradições e a superficialidade do pensamento do autor. Resumindo: a democracia, para Mounk, só vale quando beneficia um lado só, um campo só, um grupo só; qualquer derrota eleitoral é classificada como um retrocesso fascista e populista.

Mounk afirma que a eleição de Bolsonaro confirmou seus prognósticos mais pessimistas sobre a ascensão do populismo, ignorando solenemente o fato de que essa eleição foi consequência de (e reação a) outro tipo de populismo, instalado no Brasil 15 anos antes.

Mas o autor de *O povo contra a democracia* faz questão de — em um texto sobre a política brasileira atual — não fazer nenhuma menção aos escândalos de corrupção, à destruição da economia e à cooptação das elites que fizeram parte de um projeto de perpetuação no poder que por pouco não atirou o país no abismo.

Nenhuma menção, tampouco, aos milhões de brasileiros que foram às ruas pedir o impeachment da presidente responsável pela maior recessão de nossa história.

Nada disso. Para Mounk, é como se, até a eleição de Bolsonaro, o Brasil vivesse em perfeita normalidade, com a economia crescendo e a sociedade vivendo em harmonia. Para ele, o populismo autoritário e a ameaça à democracia começaram no exato momento em que o atual governo tomou posse, como se não constituísse risco às regras e valores democráticos o esquema industrial de corrupção criado para manter um partido no poder a qualquer preço.

Mas o trecho mais impressionante do prefácio é o seguinte: "O que define o populismo é essa reivindicação de representação exclusiva do povo — e é essa relutância em tolerar a oposição ou respeitar a necessidade de instituições independentes que com tamanha frequência põe os populistas em rota de colisão direta com a democracia liberal".

Ora, nem é preciso dizer quem, ao longo de 14 anos no poder, agiu como detentor da exclusividade da representação do povo, relutou em tolerar qualquer oposição, aparelhou instituições e se empenhou em implementar o "controle social" da mídia. Então, das duas, uma: ou Mounk é muito cínico ou é muito ingênuo e desinformado, e as duas hipóteses o desqualificam como pensador da política.

Mounk também parece esquecer que, como acontece em uma democracia, foi a maioria do povo que elegeu Bolsonaro — como foi a maioria do povo que elegeu Lula e Dilma, evidentemente. No debate político, não se pode exaltar a vontade popular somente quando ela coincide com nossas convicções, nem desqualificá-la sempre que ela não nos agrada: esta é uma noção elementar para qualquer indivíduo intelectualmente honesto, e ainda mais para quem se dispõe a escrever um livro sobre a democracia contemporânea.

Mounk conclui o prefácio com outro artifício típico da guerra de narrativas: "Todos os brasileiros que estão comprometidos com a liberdade" e todos os "defensores da democracia", escreve, devem combater impiedosamente o presidente eleito ("Se você se importa com a proteção de sua liberdade, é seu dever solene exercer seus direitos antes que o novo presidente os tire de vez").

Depreende-se que Mounk considera que os 57 milhões de brasileiros que elegeram Bolsonaro são inimigos da liberdade, dos direitos civis e dos valores democráticos. Isso é nada menos que uma ofensa à maioria da população brasileira, e foram ofensas assim que geraram uma antipatia crescente contra a chamada "esquerda" no Brasil — em um processo que resultou, justamente, na eleição de Bolsonaro em 2018. Mas parece difícil entender isso.

Esse discurso de que somente um grupo — o grupo ao qual pertence o autor — defende a liberdade e a justiça social, transformando adversários em inimigos a abater, é basicamente reiterado ao longo de todo o livro. Aqui e ali, Mounk faz reflexões interessantes sobre episódios recentes ou não tão recentes da política no mundo, mas mesmo nesses momentos de recapitulação anedótica as contradições e a parcialidade do autor ficam patentes.

Por exemplo, o autor exalta o fato de milhões de pessoas terem saído às ruas na Coreia (do Sul, evidentemente, porque na Coreia do Norte elas seriam presas) para pedir o *impeachment* da presidente Park Geun-Hye: por analogia, ele devia celebrar da mesma maneira os milhões de brasileiros que foram às ruas pedir o *impeachment* de Dilma Rousseff, mas nem sequer toca no assunto.

Em outro momento, ele lembra que na Turquia um governo populista promoveu melhoras econômicas reais no primeiro mandato e foi reeleito com folga, mas com o tempo "suas medidas imediatistas passaram a sair pela culatra", comprometendo a economia. Ora, não foi exatamente isso que também aconteceu com os governos do PT?

O título da "Conclusão" também é revelador: "Lutar por nossas convicções". Nossas de quem, cara-pálida? Mais uma vez, o autor constrange o leitor a endossar sua visão sectária que defende a democracia de partido único — a mensagem subliminar é que aqueles que não estiverem do seu lado são fascistas, golpistas, reacionários etc. Já vimos esse filme.

As últimas páginas de "O povo contra a democracia" são simplesmente patéticas. Mounk resolve posar de mártir e herói da resistência — quando, na verdade, ele tem ao seu lado todo o *establishment* cultural e acadêmico. Como se sua vida estivesse em risco, ele afirma precisar de "muita coragem" para defender seus valores, já que a política se tornou uma questão de "vida ou morte". E declara, em tom solene, estar decidido a lutar por suas convicções sem se importar com as consequências — e que fará o possível para "salvar a democracia liberal". Até agora, as consequências para ele foram prêmios e elogios do *establishment*. Realmente, é preciso ter muita coragem para isso.

* * *

Adam Przeworski é um cientista político internacionalmente respeitado. Nascido na Polônia e radicado nos Estados Unidos desde 1961, hoje leciona na Universidade de Nova York. É autor de 13 livros e inúmeros artigos sobre a relação entre democracia e capitalismo.

No livro "Crises da democracia", ele estabelece uma analogia entre a situação política atual de alguns países e casos históricos de colapsos do regime democrático, como a ascensão do Nazismo após o fracasso da República de Weimar na Alemanha e o golpe militar que derrubou Salvador Allende no Chile, em 1973.

O autor escreveu um prefácio especialmente para a edição brasileira, no qual, basicamente, afirma que o presidente Jair Bolsonaro representa... uma ameaça à democracia.

A conclusão única e necessária de um rápido exame do prefácio é: Adam Przeworski não entendeu nada. Ou, se entendeu, escreve de má-fé.

Przeworski ficou famoso por cunhar uma definição muito popular de democracia: é um regime no qual os governantes deixam o poder quando perdem as eleições. Certo. Ele também já escreveu que, historicamente, a alternância no poder é um indicador da saúde das democracias. Certo de novo.

Mas, estranhamente, o cientista político que se arvora em guardião da democracia parece não aceitar nem respeitar o resultado das eleições de 2018 no Brasil, nem aprovar a alternância no poder no nosso país. Parece que, para ele, a democracia brasileira só estaria saudável com a perpetuação do PT no poder. Pior: em alguns trechos, um leitor desavisado que não conheça nada sobre o Brasil tem a impressão de que Bolsonaro chegou à presidência por meio de um golpe de Estado, e não pela livre escolha da maioria (quase 58 milhões) dos eleitores.

Como outros livros recentes, "Crises da política" entende a política como uma disputa entre o bem (a esquerda progressista) e o mal (a direita e os conservadores). O autor se alinha, assim, àquela parcela da população brasileira que pratica o que chamei em outro capítulo de "negacionismo de esquerda", ou seja, a incapacidade psicológica de lidar de forma adulta e racional com o fato de que Bolsonaro é o presidente democraticamente eleito do Brasil.

Ou seja, todo o blá-blá-blá de Przeworski sobre democracia só vale quando a esquerda sai vitoriosa nas urnas: quando é derrotada, é sinal de que a democracia está em crise, de que houve um retrocesso fascista etc. Przeworski deixou de acreditar na solidez das instituições brasileiras quando o partido que ele apoia perdeu as eleições. De novo, é a democracia de um lado só.

Se Przeworski é o autodenominado zelador dos valores democráticos, depreende-se que o povo está errado quando elege um candidato que ele não aprova, caso de Bolsonaro. Porque a vontade do povo deve se submeter ao comando dos intelectuais de esquerda que se julgam seus porta-vozes.

O mais chocante é lembrar que Przeworski nasceu e cresceu em um regime comunista, de onde escapou aos 21 anos, após concluir a graduação em Varsóvia: na Polônia daqueles dias (como na China de hoje, aliás, onde o empresário Ren Zhiqiang foi condenado, em outubro de 2020, a 18 anos de reclusão por ter chamado o presidente Xi Jinping de "palhaço"), criticar o governo podia representar a prisão ou coisa pior.

Onde o jovem Przeworski decidiu viver, quando fugiu dos horrores comunistas? Nos Estados Unidos, é claro, onde encontrou capitalismo, liberdade e democracia. Mas o renomado cientista político chega aos 80 anos fiel ao marxismo e exaltando a esquerda que tanto sofrimento já causou no planeta — e que, em muitos casos, só usou a democracia como escada para chegar ao poder. Para Przeworski, é o capitalismo que ameaça a democracia, não o comunismo. Vai entender...

O prefácio à edição brasileira só serve para expor a fragilidade, as contradições e a superficialidade do pensamento do autor. Já no primeiro parágrafo, Przeworski explicita sua desonestidade intelectual ao afirmar que "acreditava firmemente na solidez das instituições políticas brasileiras". Ele afirma, sem nenhum constrangimento:

"O impeachment de Dilma Rousseff em 2016 foi uma demonstração de que os políticos colocam seus pequenos interesses acima da integridade das instituições" (nenhuma palavra sobre as gigantescas e pacíficas manifestações populares pedindo a queda da presidente que exaltou a mandioca, nem sobre a cooptação das elites e da mídia, nem sobre o bilionário esquema de corrupção em escala industrial montado para um partido se perpetuar no poder, nem sobre a destruição deliberada da economia, detalhes insignificantes).

E, pasmem:

"A remoção juridicamente arquitetada de Lula como candidato na eleição de 2018 impediu vasto segmento do povo brasileiro de exercer seus direitos democráticos" (porque a lei que impede que um ex-presidiário com diversas condenações nas costas seja candidato não se aplica a Lula, claro; a lei só vale quando não prejudica a esquerda).

Przeworski prossegue se penitenciando por não ter levado a sério Bolsonaro nem Trump — basicamente uma confissão de incompetência. Com a arrogância moralmente superior dos intelectuais de esquerda, o premiado cientista político foi incapaz de perceber os sinais claros da exaustão das narrativas e das práticas políticas dos governos de esquerda. Ou seja, com todo o seu currículo, na hora em que seria necessário reconhecer sinais de mudança, o cientista político se mostrou medíocre e incapaz.

O prefácio à edição brasileira é tão irritante que contamina o resto da leitura, mas o exame que Przeworski faz de algumas "democracias de fachada" — Rússia, Venezuela, Índia, Hungria e Turquia, por exemplo — não é de todo ruim. Há de fato situações em que governos manobram para permanecer no poder indefinidamente, mesmo mantendo as aparências das instituições democráticas e do Estado de direito, enquanto calam a imprensa independente e asfixiam a oposição. É uma forma de erosão da democracia que não passa por rupturas bruscas nem golpes militares, mas que merece atenção.

PS: A USP, vejam só, disponibilizou gratuitamente em seu site o PDF do livro "Crises da democracia", na página da disciplina "FLP0409 — Grandes Correntes e Tendências Políticas no Mundo Contemporâneo (2020)". Ou seja, PIRATEOU o livro. Pensando bem, a USP está certa: já que a proposta é doutrinar os alunos, a primeira lição a ser aprendida é o desrespeito à propriedade intelectual, com a socialização da obra.

* * *

O título e o subtítulo de "Como derrotar o turbotecnomachonazifascismo — Ou seja lá o nome que se queira dar ao mal que devemos superar" também já dizem tudo. Em seu novo livro, Marcia Tiburi (aquela pensadora que se declarou a favor do assalto) entende a política como uma disputa maniqueísta entre o "bem" — que ela julga representar — e o "mal", que deve ser "derrotado".

No lugar da pretensa disposição para o diálogo presente no já bizarro título de seu livro anterior, "Como conversar com um fascista", explicitam-se aqui a disposição para eliminar adversários e a negação do reconhecimento do direito deles à existência. Na guerra entre "nós" e "eles" que o livro reafirma, não há espaço para a tolerância. [31]

Embora o livro seja recheado de citações a Adorno, Horkheimer, Wittgenstein, Foucault e mais uma penca de pensadores responsáveis por obras de grande profundidade, as teses que a autora defende são assustadoramente simples, podendo mesmo ser reduzidas a três ou quatro clichês.

A sociedade brasileira, por exemplo, se divide entre pessoas "do bem", que votam nos partidos de esquerda, e psicopatas analfabetos que, por burrice, maldade ou algum desvio de caráter, elegeram um governo "turbotecnomachonazifascista" e genocida.

Outras premissas subjacentes ao texto: o capitalismo é um sistema malvadão que se compraz com o sofrimento e a morte dos pobres e das minorias; a democracia só está saudável quando elege partidos de esquerda; não existem alternativas de centro nem de centro-direita: todos os partidos adversários são de extrema direita e defensores da ditadura. Etc.

* * *

O livro pode ser entendido como uma ilustração estendida do famoso preceito atribuído a Lenin: "Acuse os adversários do que você faz; chame-os do que você é!". Porque, da primeira à última página, a autora afirma pregar a tolerância, mas ofende e agride incessantemente todos aqueles que ousem pensar de forma diferente da sua.

Os mais de 57 milhões de brasileiros que elegeram Bolsonaro, por exemplo, são tratados como imbecilizados, otários, desinformados, pessoas sem consciência, zumbis, incapazes de discernimento, ridículos, vulneráveis intelectualmente, grotescos, repugnantes, infames, massas hipnotizadas, pessoas entorpecidas e manipuladas, entre outros termos.

Depreende-se que o objetivo dessa argumentação baseada em adjetivos não é convencer, esclarecer, persuadir nem conquistar esses eleitores, mas estigmatizá-los, colando na testa deles o carimbo de fascistas (e desenhando nos seus peitos um alvo para os ataques das milícias do bem).

Não que algum eleitor do atual presidente vá ler o livro de Marcia Tiburi, mas seguramente quem o fizer sairá da leitura ainda mais determinado a reeleger Bolsonaro.

O problema é que rigorosamente todas as críticas que a autora dirige ao campo da direita e aos conservadores poderiam perfeitamente ter como objeto o campo progressista e de esquerda que Marcia Tiburi representa.

Por exemplo, em determinada altura ela escreve que "é difícil argumentar com um sujeito tomado pelo fascismo. O fascismo é (...) uma espécie de paixão ou religião fanática". Qualquer semelhança com o lulopetismo não é mera coincidência: é muito difícil argumentar com um militante petista (como se dizia, é como tentar jogar xadrez com um pombo: se ele estiver perdendo vai derrubar as peças, fazer caca no tabuleiro e sair cantando vitória).

A diferença é que os "fascistas" só são fascistas na cabeça dos esquerdistas, enquanto os esquerdistas se assumem como tal.

Tiburi também descreve o governo Bolsonaro como "um governo terraplanista e negacionista", que erigiu "um ex-astrólogo a filósofo e a guru de Estado". Somente a má-fé explica qualificar o governo como terraplanista, e imagino que o guru a quem a autora se refere é Olavo de Carvalho — o que revela um preconceito contra a astrologia que não parece adequado para uma autora "do bem".

Em outro momento, ela fala da "estratégia de produção de inimigos", e me lembrei imediatamente de como os governos do PT jogaram deliberadamente brasileiros contra brasileiros, transformando as "elites brancas" em inimigos a abater. Mas só de mentirinha, porque as verdadeiras elites brancas estavam fazendo excelentes negócios com aqueles governos que a autora apoiou, não é verdade? Papel aceita qualquer coisa.

Um exemplo da falta de rigor do livro é a afirmação de que Steve Bannon, ex-estrategista de Trump ("de extrema direita", desnecessário dizer), está atualmente preso por fraude. Não está. Ele passou um dia na prisão, em 20 de agosto, e ainda não foi julgado — ao contrário, aliás, do ídolo da autora, Lula, que já foi julgado e condenado, em mais de uma instância, em vários processos — e só não está trancafiado porque o STF voltou atrás na decisão sobre a prisão em segunda instância (beneficiando não somente Lula mas milhares de bandidos, incluindo estupradores, assassinos e traficantes).

Outro exemplo é a denúncia do genocídio de crianças e jovens negros pela polícia, ignorando o fato de que o número de assassinatos no país diminuiu drasticamente neste governo, depois de ter batido o espantoso recorde de 61 mil mortes violentas durante o governo Dilma, em 2016 (em 2019, foram cerca de

41 mil, uma queda de mais de 30%). Mas números e fatos são detalhes sem importância para a "galera do bem".

Na mesma toada, a autora também ignora solenemente o fato de que o auxílio emergencial do Governo Bolsonaro reduziu a pobreza extrema no Brasil ao menor nível em 40 anos, isso em plena pandemia.

Não vou nem comentar as referências ao "golpe" de 2016: "Dilma foi deposta sem que tivesse cometido qualquer crime de responsabilidade. Até mesmo aqueles que votaram contra Dilma sabiam que ela era inocente". Aham.

Nenhuma palavra da autora sobre as maiores manifestações populares da história do nosso país pedindo a saída da presidente que destruiu a economia, trouxe de volta a inflação e a recessão e levou milhões de brasileiros ao desemprego (e isso sem nenhuma pandemia).

É digno de nota Marcia Tiburi citar o "ódio às religiões", quando ela própria agride os evangélicos em vários trechos do livro. Ora, ou a tolerância religiosa se aplica a todas as religiões ou não se aplica a nenhuma.

(Mas o ódio progressista à Igreja evangélica é compreensível, já que os políticos evangélicos "do mal", que vivem na periferia e convivem com brasileiros comuns, a cada eleição tiram mais votos dos políticos virtuosos de esquerda, que não saem dos bairros ricos onde vivem — isso quando não moram em Paris, como a autora.)

* * *

A coisa fica mais grave quando, em uma espiral delirante, a autora escreve, sem nenhuma fundamentação, que a Operação Lava-Jato foi "conduzida de maneira corrupta". Ou que a Escola sem Partido é um movimento que tenta "criminalizar a esquerda e a democracia". Ou, pior ainda, quando afirma o seguinte: "A saudação nazista com a mão erguida (...) já vem sendo usada no Brasil em contextos variados".

Oi? Mesmo? Onde foi que ela viu isso?

No parágrafo seguinte, a autora equipara o slogan "Heil Hitler!" a "Make America great again!" e "Brasil acima de tudo, Deus acima de todos". O que dizer?

Minha interpretação é que se trata da projeção de um desejo recalcado: a autora, como muitos intelectuais de esquerda, deseja inconscientemente um governo nazista, para que possa odiá-lo e se fazer de heroína da resistência auto exilada em Paris.

Não apenas nazista, aliás: seu sonho é se deparar com um governo "turbotecnomachonazifascista", para justificar todo o "ódio do bem" com que as milícias progressistas das redes sociais perseguem, esfolam e destroem seus adversários políticos — e cancelam diariamente artistas que não rezam pela sua cartilha.

Mas, a não ser que se trate assumidamente de uma ficção, escrever que brasileiros estão se cumprimentando com a saudação nazista "em contextos variados" é, simplesmente, disseminar *fake news* — uma acusação que a esquerda faz de forma exaustiva à direita. Aliás, não foi um nazista que disse que uma mentira repetida mil vezes se torna uma verdade? O campo autodenominado progressista aprendeu bem a lição.

Esse campo só não aprendeu que os brasileiros comuns que eles teimam em rotular de fascistas não odeiam ninguém. Esses brasileiros estão apenas de saco cheio de ser massa de manobra de um projeto de perpetuação no (ou de retorno ao) poder daqueles para quem a miséria e o preconceito são combustíveis sem os quais não conseguem sobreviver. Por isso mesmo, quanto maiores a miséria e o preconceito, melhor para a esquerda: eles não querem resolver esses problemas, porque eles vivem desses problemas.

    Os brasileiros comuns estão de saco cheio, também, de partidos e políticos que dividem deliberadamente a sociedade em "nós" e "eles"— talvez porque tenham entendido, de uma maneira muito profunda, que a política, ao contrário do que parece pensar Marcia Tiburi, não é uma disputa entre o bem e o mal. Muito menos no Brasil.

A nova luta de classes: pobres de direita contra ricos de esquerda

Muito já se falou sobre os "pobres de direita", termo cunhado para desqualificar e ofender os eleitores das classes menos favorecidas que apoiaram o *impeachment* de Dilma Rousseff, votaram contra o PT nas eleições municipais de 2016 e elegeram Jair Bolsonaro em 2018. Diante do desempenho modesto da esquerda no primeiro turno das eleições realizadas em 15/11/2020,[32] o termo já voltou a circular no campo progressista.

Quando o povo (e não as elites, evidentemente) elegeu Bolsonaro, a reação dos políticos, intelectuais e artistas de esquerda foi mais ou menos a seguinte: "Como assim? A gente trabalha tanto para preservar e capitalizar politicamente a miséria, e é assim que esses pobres ingratos retribuem? A gente compra honestamente os votos dos miseráveis com uma esmola mensal, e na hora da eleição eles votam nos fascistas? Brasileiro é muito burro mesmo!"

O uso da expressão tem uma função catártica para os esquerdistas. Basta pesquisar no Google "pobre de direita" para ver o "ódio do bem" contra os pobres ser destilado em dores cavalares por intelectuais e acadêmicos (mas é a direita que é preconceituosa...). Os brasileiros mais humildes são comparados a escravos que apoiam escravagistas, diagnosticados como doentes mentais e chamados de jumentos para baixo. Do alto de sua superioridade moral, o máximo que os seres iluminados concedem é que não se deve odiar esses pobres, mas ter pena deles, por serem tão burros e imbecis.

Mas o "pobre de direita" não passa de uma abstração. No Brasil o voto dos pobres não é ideológico, mas pragmático. E é compreensível que seja assim: eles vivem tão precariamente que muitas vezes pensam e votam com o estômago. Não se pode exigir de quem não sabe quando vai fazer a próxima refeição que entenda a diferença entre direita e esquerda, nem que cobre dos políticos investimentos na educação e na geração de postos de trabalho, nem que demonstre fidelidade a determinado partido, quando a crise aperta.

O brasileiro miserável não vota em candidatos de esquerda ou de direita, vota nos candidatos que oferecem ajuda concreta a curto prazo, sobretudo na forma de programas assistencialistas que lhe garantam a sobrevivência imediata.

O brasileiro miserável não tem tempo para entender a importância de políticas públicas de longo prazo para a erradicação da miséria (e não a sua administração permanente, como estratégia de perpetuação no poder).

O brasileiro miserável sabe que não pode esperar — e tem muitos motivos para desconfiar de promessas de soluções a longo prazo, cujos resultados demoram a aparecer. Sobretudo se essas promessas são feitas por políticos durante a campanha eleitoral.

Foi por tudo isso que a esquerda se desesperou quando percebeu o impacto do auxílio emergencial criado pelo Governo Federal para mitigar os efeitos da pandemia. O programa foi criado pela Lei 13.982/2020 [33], sancionada por Jair Bolsonaro no dia 2 de abril, e representou um duro golpe no campo lulopetista, ferido de morte em seus principais currais eleitorais.

São números realmente impressionantes: segundo a Caixa, 67,7 milhões de brasileiros — o equivalente a um terço da população do país — receberam o auxílio. Desses, 38 milhões eram pessoas invisíveis, tão pobres que seus nomes não constavam em nenhum cadastro oficial — e, portanto, foram ignoradas até pelo Bolsa Família. É um Brasil subterrâneo, que estava à margem de todas as estatísticas, com uma população maior que a do Canadá.

Um estudo da Fundação Getúlio Vargas publicado em outubro revelou que, graças ao programa de auxílio emergencial, o número de brasileiros abaixo da linha de pobreza — ou seja, aqueles com renda domiciliar per capita inferior a meio salário mínimo — recuou impressionantes 23,7%, atingindo nova mínima de 50 milhões de pessoas, o nível mais baixo da série histórica. Em plena pandemia, 15 milhões de brasileiros saíram da linha de pobreza.

Essa foi, apenas, *a maior ação de inclusão social da história do Brasil*: mais de R$ 230 bilhões foram diretamente injetados nas contas de quem realmente precisa. A projeção é que, até o fim de 2020, tenham sido gastos R$ 322 bilhões, o que equivale, em nove meses do programa, a nove anos de Bolsa Família.

E essa ação foi feita por um governo de direita.

* * *

A esquerda ficou ainda mais desesperada quando analisou mais de perto os números do auxílio emergencial. Mais de um terço do valor pago (R$ 66,7 bilhões) foi para a Região Nordeste, onde a redução da pobreza chegou a 30,4% — com a aprovação de Bolsonaro aumentando na mesma proporção.

O Nordeste é a última trincheira do lulopetismo, como demonstrou a eleição de 2018: para refrescar a memória do leitor, o mapa abaixo mostra a divisão dos votos no segundo turno, indicando o vencedor por unidade da federação:

Ora, as pesquisas de popularidade realizadas até outubro de 2020 mostram, com algumas oscilações para cima ou para baixo, um apoio persistente (quando não crescente) ao Governo Bolsonaro nos estados que a esquerda sempre considerou como um quintal, uma propriedade privada na qual ela mandava — usando o Bolsa Família como moeda de troca — e o povo obedecia, em uma versão atualizada do voto de cabresto.

Isso significa que os pobres do Nordeste eram de esquerda e estão migrando para a direita?

Não. Significa que os pobres não votam por ideologia e que, portanto, a premissa de que eles tendem a votar em candidatos e partidos de esquerda é falaciosa. Como afirmou recentemente a cientista social Esther Solano em entrevista à "Folha de S.Paulo": "Quando você está à beira da fome, sua vida está pautada por coisas muito mais concretas e mais de subsistência do que de estratos ideológicos".

É claro que não é só isso. Outro fator determinante do crescimento da direita e da chamada onda conservadora no Brasil foi a adoção, pela esquerda, de pautas progressistas que agridem os valores morais dos brasileiros comuns.

Quando a esquerda defendeu uma performance artística que colocava uma criança em contato físico com um adulto nu (para deleite da plateia, formada por adultos vestidos), eu escrevi: "Continuem mexendo com crianças e vão eleger Bolsonaro no primeiro turno". O mesmo se aplica à defesa do aborto, da liberação das drogas e outras formas de ativismo totalmente dissociadas do Brasil real.

"*Ain*, mas a popularidade de Bolsonaro aumentou por causa do auxílio emergencial...", argumentará o leitor. Isso é óbvio, da mesma forma que foi principalmente por causa do Bolsa Família que muitos eleitores elegeram e reelegeram governos do PT entre 2002 e 2014 — até que chegou a conta da incompetência e da corrupção, e a economia desmoronou. O povo não perdoou e foi para as ruas — e, desde então, passou a ser estigmatizado como "pobre de direita".

Pobres não são de direita nem de esquerda. São apenas pessoas a quem não foram dadas oportunidades de educação e trabalho que possam realmente tirá-los da situação dramática em que vivem, geração após geração. Enquanto não forem criadas essas oportunidades, os pobres votarão no candidato que garantir o básico para que não morram de fome, seja de que partido e ideologia ele for.

* * *

Mais relevante para entender o Brasil de hoje do que o fenômeno dos pobres de direita é uma categoria da qual se fala relativamente pouco: os ricos de esquerda.

É algo realmente intrigante. São pessoas que viajam regularmente para a Europa (ou destinos mais caros e exóticos), que não precisam trabalhar, que vivem da mesada dos pais ou de um patrimônio herdado que lhes permite dedicar um bom tempo de sua vida ao ativismo de butique e à lacração nas redes sociais — isto é, quando não estão ostentando, postando fotos em lugares caros, com roupas caras, com companhias caras. Os ricos de esquerda têm hábitos de consumo luxuosos, têm carros que valem um apartamento de classe média e outros bens que jamais teriam fora do sistema capitalista.

Mas são de esquerda.

A categoria não é composta só de ociosos, claro; ela inclui também gente que trabalha muito, como aqueles empresários riquíssimos que ficaram ainda mais ricos fazendo excelentes negócios com bancos e empresas estatais em governos recentes. Tudo em nome do povo. O fato de que muitos desses empresários-guerreiros-do-povo-brasileiro tenham acabado na prisão é apenas mais um sinal dos tempos sombrios que vivemos, uma prova do autoritarismo fascista machocrata, gordofóbico e genocida que persegue minorias de empreendedores que só querem, como diz o Guilherme Fiúza, roubar honestamente.

Para usar uma palavra um pouco fora de moda, mas que a esquerda-raiz sempre amou: os ricos de esquerda são justamente os *burgueses*. Sim, aqueles mesmos burgueses que, historicamente, sempre foram o alvo preferencial dos marxistas, pelo menos desde a publicação do Manifesto Comunista em 1848.

Só que esses burgueses, por cinismo, esperteza ou algum desvio moral, escolheram levar uma vida dupla. Eles operaram uma separação entre sua posição de classe e seu discurso: na intimidade, conservam os privilégios de sempre e compram tudo que o dinheiro pode comprar (até amor verdadeiro); na vida pública, posam de bons moços preocupados com a Floresta Amazônica e apoiam todas as bandeiras progressistas que substituíram a antiga luta de classes na agenda da esquerda, do ativismo vegano à militância trans, do combate à gordofobia à defesa dos pronomes *neutres*.

Os ricos de esquerda são ricos, viajam como ricos, vivem como ricos, casam e têm filhos entre si (a endogamia é um hábito do qual não abrem mão, porque, mesmo sendo de esquerda, essas elites não gostam de se misturar). No mais das vezes, nunca andaram de ônibus (de trem, só na Europa). Jamais colocaram os pés em um bairro pobre da periferia, muito menos em Cuba, na Venezuela ou na Coreia do Norte. O contato mais próximo com a pobreza que eles têm na vida são as ordens que dão às empegadas domésticas, às babás, aos motoristas e outros serviçais. Mas falam e lacram como socialistas que combatem as elites e lutam pela justiça social.

Ora, esses ricos de esquerda não estão dispostos a ceder um milímetro sequer em seus privilégios: eles só descobriram que podem ter o melhor de dois mundos. Podem continuar usufruindo de sua riqueza, ostentando nas redes sociais, comprando roupas de marcas caras e passeando de lancha com gente bonita postando fotos sorridentes, com aquela expressão serena que só o conforto financeiro garante — fotos tiradas, é claro, com o modelo mais sofisticado do iPhone. E podem ter todos os benefícios simbólicos decorrentes de se declarar de esquerda, incluindo a credencial de virtuoso que autoriza a praticar o ódio do bem.

* * *

Os ricos de esquerda constituem um grupo numericamente pequeno, mas poderoso e barulhento. Porque são eles que dominam o que o teórico marxista Louis Althusser denominou "aparelhos ideológicos de Estado": as escolas e universidades,[34] a Igreja, a mídia e o aparato judicial.

Como resultado de um trabalho paciente e perseverante, no intervalo de poucas gerações a mentalidade e os valores de quem domina esses aparelhos passaram a invadir os lares e destruir lentamente a família e outras instituições rotuladas como conservadoras — o novo alvo preferencial das esquerdas.

E não é que esses ricos com consciência social (mais falsa que uma nota de 3) deixaram de ser incomodados pela militância esquerdista? Pois é, o inimigo agora é outro, deixou de ser a elite milionária. A velha (e outrora execrada) classe dominante descobriu que basta postar slogans, *hashtags* e frases feitas nas redes sociais para que a deixem em paz. Porque os ativistas da "nova esquerda" estão muito ocupados perseguindo e esfolando os fascistas que não pagam pedágio para a cartilha do politicamente correto.

Nunca foi tão fácil ser rico, porque:

- A pauta dessa nova esquerda deixou de ser a luta de classes ou a expropriação popular dos meios de produção;
- A pauta deixou de ser o fim da mais-valia ou a destruição do capitalismo;
- A pauta deixou de ser a implantação de uma sociedade sem classes e harmoniosa;
- A pauta migrou da economia para o comportamento.

A NOVA LUTA DE CLASSES: POBRES DE DIREITA CONTRA RICOS DE ESQUERDA

Hoje, o que dá sentido à vida de muitas pessoas que se intitulam "de esquerda" — e lhes dá justificativa moral para mentir, sabotar, manipular informações, perseguir e destruir adversários — é a compulsão de apontar o dedo para os outros como forma de afirmar a própria virtude.

Mas isso não é algo casual, nem surgiu espontaneamente: por trás desse fenômeno também estão eles, os ricos de esquerda.

* * *

A que projeto político, econômico e social estão efetivamente servindo os jovens talibãs do progressismo que babam de ódio na defesa de bandeiras identitárias, a ponto de pressionar patrocinadores e proprietários de veículos de comunicação para que demitam jornalistas? Que defendem a censura de filmes, livros e obras de arte e o cancelamento de escritores e cineastas que integram o acervo da nossa cultura? Que vandalizam estátuas de Churchill e até Mahatma Gandhi? Certamente esse projeto não tem nada a ver com a revolução com que sonhava Marx.

Ainda que, por inocência ou cálculo cínico, a militância continue adotando um discurso de defesa da justiça social e da revolução, a esquerda de hoje não tem mais nada a ver com o marxismo. Basta dizer que seu grande mito e líder hoje é um bilionário e megaespeculador, George Soros, um homem tão rico que tem o poder de derrubar governos com ataques especulativos à moeda de um país; e um homem tão engajado nas causas da nova esquerda que as vem sustentando com doações exorbitantes.

Na verdade, não são doações, são investimentos. Ou alguém acredita que Soros está disposto a dividir sua fortuna com os pobres e abrir mão dos seus confortos e privilégios (ou dos confortos e privilégios de seus herdeiros)?

Por que a Open Society, fundação de Soros, financia mundo afora — inclusive no Brasil — ONGs, "coletivos", blogueiros e movimentos que defendem exatamente aquelas pautas que hoje definem a nova esquerda, como a ideologia de gênero, o racialismo sectário, a defesa do aborto, a legalização das drogas, a imigração descontrolada, o desarmamento, a flexibilização do conceito de pedofilia etc.?

E não é só a Open Society. Outras fundações bilionárias alimentam e sustentam as bandeiras progressistas: Ford, MacArthur e Rockefeller, entre outras, são grandes financiadoras da nova esquerda, que passou, vejam só, a comer na mão do grande capital. Nada de bom pode vir daí.

Agradecimentos e dedicatória

Ainda que, em sua maioria, os capítulos deste livro tomem como ponto de partida artigos publicados, ao longo de 2020, em minha coluna na "Gazeta do Povo" (e, mais raramente, no portal G1), todo o conteúdo foi reescrito, modificado, ampliado e atualizado, de forma que o material que o leitor tem em mãos é em boa medida inédito, com o conceito e a estrutura de um livro "de verdade", não somente de uma coletânea de artigos.

Um autor não escreve livros para convencer determinados leitores a mudar de opinião, mas para mostrar a outros leitores que eles não estão sozinhos — e que o pensamento sempre será livre. Mas esta é uma via de duas mãos: é por meio da resposta de seus leitores que um autor também toma consciência de que não está sozinho. Meu primeiro agradecimento, portanto, vai para cada leitor que comentou o (ou fez críticas construtivas ao) conteúdo aqui reunido.

Agradeço também ao editor Pedro Almeida, por seus comentários e sugestões sempre pertinentes, sem falar na sua paciência e permanente gentileza. E ao jornalista Guilherme Fiúza, com quem trabalhei em priscas eras no "Jornal do Brasil" e cuja trajetória profissional sempre acompanhei com admiração e interesse, por um "empurrãozinho" sem o qual este livro não teria sido escrito.

Como meu livro anterior ("Guerra de narrativas"), "O ano em que a terra parou" é dedicado à minha filha Valentina, que, hoje com 16 anos, enfrenta o desafio de atravessar, em um momento de formação, os tempos muito estranhos em que vivemos. Crescer em um país e uma época tão polarizados não é fácil, exige inteligência e resiliência — características que, felizmente, ela já demonstrou ter de sobra.

Notas

1   https://g1.globo.com/mundo/eleicoes-nos-eua/2020/noticia/2020/05/22/biden-diz-que-nao-e-negro-o-afro-americano-que-considerar-votar-em-trump.ghtml

2   https://www.cartacapital.com.br/blogs/saudelgbt/cancer-de-colo-para-pessoas-com-vagina-tudo-que-voce-precisa-saber/

3   O caso J.K. Rowling

Tudo começou quando a autora de "Harry Potter" leu um artigo que afirmava que o sexo biológico era uma construção cultural e que, para não ofender a sensibilidade dos homens e mulheres trans, pregava a substituição da palavra "mulheres" por "pessoas que menstruam". Ativa usuária das redes sociais, J.K. Rowling não se conteve e postou o texto abaixo no Twitter:

"Se o sexo não é real, não existe atração entre pessoas do mesmo sexo. Se sexo não é real, a realidade vivida globalmente pelas mulheres é apagada. Conheço e amo pessoas trans, mas apagar o conceito de sexo remove a habilidade de muitos discutirem sua vida de forma significativa. Não é ódio dizer a verdade".

Como era de esperar, essa manifestação bastou para atrair o ódio do exército de lacradores de plantão: J.K. Rowling se tornou imediatamente uma espécie de anticristo e foi alvo de ameaças de violência e xingamentos os mais variados, o que a levou a se afastar por um tempo das redes sociais. Quando ela voltou, o massacre continuou: entre outras ofensas de ativistas, ela foi chamada de "TERF", acrônimo inglês para "feministas radicais trans excludentes".

Nunca subestime o poder do ressentimento: o que dá sentido à vida vazia e geralmente inútil dessas pessoas é procurar pretextos para perseguir e esfolar aqueles que brilham por seu talento, esforço e mérito. O lacrador não se conforma com o fato de que a natureza é injusta na distribuição desses itens, então prefere desqualificar quem quer que seja mais talentoso e esforçado, quem quer que tenha méritos que ele não tem.

Não por acaso, "meritocracia" virou um palavrão no dicionário dessa turma, porque em um sistema de oportunidades iguais (igualdade no ponto de partida, a única possível e justa), onde o mérito determina quem se dá bem e quem fracassa, eles estariam perdidos. O que eles querem é igualdade no ponto de chegada: cotas para todos, diplomas para todos, consumo para todos, sucesso para todos. Seria ótimo, se fosse possível. Mas não é assim que o mundo funciona.

O mais triste no episódio de J.K. Rowling é que até o ator Daniel Redcliffe, que encarnou Harry Potter no cinema (ou seja, trata-se de alguém que deve muito à escritora), decidiu aproveitar a polêmica para lacrar, afirmando que "mulheres trans são mulheres": "Qualquer afirmação que diga o contrário apaga a identidade e a dignidade da população trans", o ator declarou a um site.

Por óbvio, cada indivíduo é livre para fazer suas escolhas sexuais, que devem ser respeitadas. No limite, cada indivíduo é livre até para se amputar e fazer cirurgias que emulem um corpo do sexo oposto, se julgar que isso o fará mais feliz. Mas negar a realidade do sexo biológico é apenas uma idiotice. Homens não são mulheres. Biologia e genética existem. Por exemplo, por doloroso que seja, uma mulher trans jamais poderá engravidar. Por qualquer critério científico, mulheres engravidam, se assim o desejarem. Homens não.

Como não se pode mudar a realidade, muda-se a linguagem, controlando de forma autoritária o que as pessoas podem dizer. Mas a realidade permanece a mesma. O fato de terem achincalhado o técnico de vôlei Bernardinho por ter criticado uma jogadora trans jamais transformará essa jogadora em uma mulher de verdade.

4   http://www.ilisp.org/noticias/midia-ninja-confirma-que-e-financiada-pelo-bilionario-george-soros-para-ser-midia-livre/, onde se lê: "Uma das principais mídias de esquerda "contra o grande capital internacional" confirmou que é financiada por um dos maiores bilionários e financiadores da esquerda pelo mundo, o húngaro-americano George Soros. Em artigo publicado em seu site oficial após matéria do ILISP divulgar que o "Mídia Ninja" recebeu apenas no último ano (de agosto de 2015 a agosto de 2016) o valor de $ 80 mil (R$ 250 mil) da *Open Society Foundation* de Soros para divulgar as ideias de esquerda pelo país, o "Mídia Ninja" informou que "realizamos um projeto em parceria com a fundação citada, assim como realizam, com a mesma fundação, dezenas de outras iniciativas progressistas e de mídia livre no Brasil e em todo o mundo". Entre as divulgações feitas em sua página no Facebook, a "Mídia Ninja" declara que "a mídia tradicional serve ao mercado, serve ao grande capital, e jamais estará ao lado daqueles que lutam por direitos humanos, sociais e por políticas públicas". Além disso, em seu FAQ o coletivo "independente" afirma que "as grandes corporações de mídia vivem uma intensa crise (...) de credibilidade, por anos e anos de omissão e manipulação de informações em prol do poder econômico e de grupos políticos de seu interesse".

5   https://veja.abril.com.br/brasil/senador-pede-explicacoes-ao-governo-sobre-verbas-repassadas-ao-fora-do-eixo/
6   Salvo engano, o termo foi cunhado por Paulo Francis.
7   Em novembro de 2020, o Porta dos Fundos publicou um vídeo machista sobre uma vereadora do Partido Novo, insinuando que ela foi eleita por se prostituir. A militância feminista ficou quieta. Mas, após denúncias feitas por jornalistas de centro ou direita, o vídeo acabou sendo retirado do ar. Quem com lacre lacra com lacre será lacrado. https://veja.abril.com.br/cultura/acusado-de-machismo-porta-dos-fundos-tira-do-ar-esquete-sobre-vereadora/
8   https://veja.abril.com.br/cultura/e-o-vento-levou-e-retirado-de-streaming-apos-campanha-antirracista/
9   https://tvefamosos.uol.com.br/noticias/redacao/2020/06/11/patrulha-canina-e-alvo-de-criticas-em-meio-a-protestos-contra-policiais.htm
10 https://rollingstone.uol.com.br/noticia/lego-para-de-vender-linha-policial-em-apoio-aos-protestos-de-black-lives-matter/
11 https://www.youtube.com/watch?v=XicfEVxdoYM
12 https://ilmanifesto.it/lo-stato-deccezione-provocato-da-unemergenza-immotivata/
13 https://www.iisf.it/index.php/attivita/pubblicazioni-e-archivi/diario-della-crisi/giorgio-agamben-requiem-per-gli-studenti.html
14 https://www.gazetadopovo.com.br/vozes/luciano-trigo/o-martelo-de-maslow-o-dever-de-mudar-de-ideia-e-a-vida-dos-outros/
15 No momento em que escrevo, o total de casos já passa de 56 milhões, e o total de mortes é superior a 1,35 milhão.
16 "Por que torço para que Bolsonaro morra", artigo de Helio Schwartsman publicado na "Folha de S.Paulo" em 07/07/2020. A julgar pelo artigo, o bom jornalismo morreu antes. https://www1.folha.uol.com.br/colunas/helioschwartsman/2020/07/por-que-torco-para-que-bolsonaro-morra.shtml
17 "Tratamento de Covid ministrado a Trump sugere quadro de saúde mais grave". "O Estado de S.Paulo", 04/10/2020. https://internacional.estadao.com.br/noticias/geral,tratamento-de-covid-ministrado-a-trump-sugere-quadro-mais-serio,70003463070
18 "STF dá poder e a estados para atuar contra Covid-19 e impõe revés a Bolsonaro". UOL, 15/04/2020 https://g1.globo.com/politica/noticia/2020/04/15/maioria-do-supremo-vota-a-favor-de-que-estados-e-municipios-editem-normas-sobre-isolamento.ghtml
19 "Auxílio emergencial reduziu a pobreza em 23%, aponta FGV". Exame, 09/10/2020 https://exame.com/economia/auxilio-emergencial-reduziu-a-pobreza-em-23-aponta-fgv/
20 "Governo Bolsonaro é aprovado por 52% e desaprovado por 41%, mostra PoderData". Poder360, 14/10/2020.

21   Consultado em 04/11/2020.
22   A conta de Liz Wheeler onde assisti ao vídeo foi banida pela rede social.
23   https://youtu.be/rdpIIiBe7Wc
24   https://www.youtube.com/watch?v=hNFKb2RFP2Y
25   Na época publiquei o seguinte artigo no G1, em 14/07/2018 (https://g1.globo.com/pop-arte/blog/luciano-trigo/noticia/precisamos-falar-sobre-belezafobia.ghtml)

Precisamos falar sobre belezafobia

A Copa do Mundo da Rússia corre o risco de ser lembrada como aquela em que se instituiu oficialmente a censura à beleza. Na última semana da competição, a FIFA exigiu que as emissoras de televisão reduzissem a exibição de "torcedoras bonitas" durante a transmissão dos jogos.

A justificativa foi o número elevado de denúncias de sexismo na Copa, incluindo o caso de brasileiros que assediaram torcedoras locais. É evidente que esse comportamento não pode ser tolerado, mas o nexo causal entre uma coisa e outra escapa a qualquer lógica. "Humm... Aumentaram os casos de sexismo? A solução é censurar as imagens de mulheres bonitas na TV!" Realmente, faz todo sentido.

A culpa de qualquer constrangimento ou ato abusivo não é das mulheres atraentes, nem da sua presença nos estádios e nas transmissões dos jogos: a culpa é de quem assedia. Atribuir às imagens de mulheres bonitas na TV a responsabilidade por ataques sexistas, portanto, é uma atitude tão machista e lamentável quanto julgar uma mulher pela forma como ela se veste.

E, no entanto, a medida foi comemorada como uma grande conquista em certos meios ditos progressistas. Basta, por outro lado, uma passada de olhos pelos comentários dos internautas em qualquer portal de notícias para perceber que, mais uma vez, o Brasil real está muito distante das ideias e valores lacradores que a classe falante tenta impor como consensuais. A decisão da FIFA foi recebida como piada de mau gosto pela imensa maioria dos leitores.

Não é de hoje que se tenta estabelecer como natural uma agenda que só atende a propósitos de nichos muito particulares da sociedade. É claro que ninguém é obrigado a aceitar ou se submeter a qualquer padrão de beleza, seja ele qual for. Mas daí a proibir e censurar imagens belas há um longo e perigoso caminho.

Descartada a justificativa oficial, o que explica esse surto explícito de belezafobia? Hoje se dissemina de forma assustadora uma sanha censora e rancorosa típica de uma mentalidade autoritária, que replica as atitudes repressivas que afirma combater. Curiosamente, as mesmas pessoas que defendem a FIFA são aquelas que adotam o discurso da tolerância, afirmando que cada um pode ser o que desejar – exceto, é claro, se não servir aos seus propósitos e à sua narrativa. No caso: você, mulher, pode ser o que quiser; mas não pode ser bonita, porque sua beleza me oprime e desagrada.

Em qualquer lugar e em qualquer época a beleza sempre foi um fato da vida. Um passeio pela História da Arte mostra que os padrões variam, mas sempre haverá pessoas que se destacam – e despertam inveja – por serem bonitas. Mas, se o belo sempre incomodou e até ofendeu, pela primeira vez na história o ressentimento de quem não suporta a beleza alheia ousou sair do armário.

Vocalizados e amplificados pelas redes sociais, o ressentimento ganha ares de virtude, e o "ódio do bem" prospera em um ambiente onde todos sentem prazer em apontar o dedo para o outro. Vinicius de Moraes seria hoje linchado em praça pública se pedisse desculpa às feias e afirmasse que a beleza é fundamental. Porque, na nossa sociedade, são as bonitas que devem se desculpar. Morte ao belo, morte a tudo que agrada aos sentidos: serão estes os lemas da nossa época?

Perguntas que não querem calar: qual será o tribunal que definirá o limite além do qual a beleza é inaceitável? Adotada essa norma, as mulheres que forem filmadas nos estádios devem entender que são consideradas feias? Isso não será uma forma de *bullying*? As jornalistas e apresentadoras atraentes estarão ameaçadas de perder o emprego?

Em uma sociedade onde tudo ofende e todos se fazem de vítima, o alvo, desta vez, são as mulheres bonitas. Qual será o próximo passo? Proibir imagens de jovens, para não ofender os idosos? Proibir imagens de pessoas magras, para não ofender as gordas? Proibir imagens de pessoas altas, para não ofender as baixas? Proibir imagens de pessoas saudáveis, para não ofender as doentes? Proibir imagens de pessoas bem-sucedidas, para não ofender as fracassadas?

O mundo está doente, em vários aspectos. Mas, neste caso, a doença não está na beleza: está em quem se incomoda e se ofende com ela.

26   Quando Roger Scruton morreu, publiquei o seguinte artigo no G1, em 13/01/2020 (https://g1.globo.com/pop-arte/blog/luciano-trigo/post/2020/01/13/a-segunda-morte-de-roger-scruton.ghtml):

A segunda morte de Roger Scruton

O noticiário atribuiu a um câncer diagnosticado há seis meses a segunda morte do filósofo britânico Roger Scruton, aos 75 anos, em janeiro de 2020. Mas sua primeira morte, que aconteceu cerca de dois anos antes, teve outra causa: o assassinato de reputações promovido por seus adversários políticos, por parte da mídia e por uma turba raivosa nas redes sociais. Autor de mais de 40 livros, muitos deles traduzidos no Brasil, e reconhecido como uma das principais referências contemporâneas do pensamento conservador, Scruton foi covardemente atacado e massacrado pelo *establishment* politicamente correto. Que ele tenha adoecido gravemente depois desse episódio de ódio orquestrado e execução sumária pode ter sido apenas uma coincidência, mas quem pode garantir que sua segunda morte não foi uma decorrência da primeira?

Scruton era membro da Royal Society of Literature, condecorado com a medalha da Ordem do Império Britânico, professor nas universidades de

Londres e Buckingham. Para qualquer pessoa intelectualmente honesta e ideologicamente desarmada, basta assistir a algumas das entrevistas e conferências de Scruton disponíveis no YouTube para constatar sua elegância e sua educação extremas: sempre conciliador, avesso a ódios, interessava-se exclusivamente pela discussão de ideias – e tinha o costume raro de procurar boas intenções mesmo nos ataques dos oponentes mais intolerantes e ressentidos. Seu conhecimento enciclopédico se espraiava por diferentes áreas, da estética à filosofia, da ciência política à ecologia, da religião à música, e em todas elas fez contribuições brilhantes.

Pois bem: no fim de 2018 foi criado um conselho interministerial para avaliar projetos de casas populares financiadas pelo governo, intitulado "Building Better, Building Beautiful". Autor de livros premiados sobre arquitetura, dificilmente haveria nome mais qualificado para comandar o conselho que o de Scruton, que seria responsável pela elaboração dos planos que serviriam como "base para a construção de novos empreendimentos habitacionais, respeitando aspectos estéticos e as necessidades específicas de cada localidade". Mas sua indicação para o cargo (aliás, não remunerado) foi o pretexto que se esperava para uma campanha sórdida e um linchamento público como raras vezes se viu, de tal forma eficiente que a primeira-ministra Theresa May não resistiu à pressão e demitiu o pensador.

Vivemos em um mundo no qual a competência, o mérito e o trabalho de toda uma vida de nada valem: toda e qualquer pessoa que não pertence a determinado campo político deve ser calada e humilhada. Minutos após a indicação, uma matilha de covardes "do bem" já se articulava para acusar o mais tolerante dos intelectuais de islamofobia e antissemitismo. Uma tempestade de injúrias nas redes sociais – inclusive de parlamentares do Partido Trabalhista e de jornalistas "progressistas" – se baseava em frases pinçadas e fora de contexto – como as críticas "inaceitáveis" que Scruton fez a George Soros, por acaso judeu, em uma palestra de 2012 em Budapeste, ou declarações de apoio a Viktor Orbán, primeiro-ministro húngaro, ou sua análise das consequências da imigração de muçulmanos para a Europa, esta feita em uma entrevista à revista "The New Statesman".

O assassinato de reputações, prática que vem se repetindo com uma frequência assustadora também no Brasil, parte da premissa de que todos aqueles que não pensam de determinada maneira, supostamente progressista, não são interlocutores com quem dialogar, mas adversários a abater. E, para alcançar esse objetivo, aqueles que se julgam detentores do monopólio da virtude não hesitam em mentir e caluniar de forma truculenta, fazendo uso de um repertório previsível de acusações de homofobia, racismo, misoginia etc. Decência é um conceito ignorado por quem participa da máquina de moer reputações. Quando vem o desmentido, o mal já está feito: em julho de 2019, aliás, Theresa

May convidou Scruton para voltar ao conselho, do qual o afastara com base em "falsas alegações".

Em abril de 2019, Scruton alertou sobre a gravidade desse processo: intelectuais de direita estavam e continuam sendo intimidados, demonizados, silenciados e excluídos do debate público em razão de "crimes de opinião". Existem nomes para isso: perseguição, patrulha ideológica, caça às bruxas. Em setembro, já doente, ele voltou a falar sobre o tema à revista alemã "Document", em uma matéria com o título: "A turba acusa, julga e condena". Por fim, em artigo publicado na revista "The Spectator", Toby Young lembrou uma declaração do filósofo que resume a situação que vivemos hoje: "Uma vez identificado como sendo de direita, você está além do limite da argumentação. Suas opiniões são irrelevantes, seu caráter desacreditado, sua presença no mundo um erro. Você não é um oponente com quem debater, mas uma doença a ser evitada. Esta tem sido a minha experiência".

27 https://www.conjur.com.br/2011-jun-10/barroso-advogado-garantiu-liberdade-cesare-battisti

28 https://www.poder360.com.br/governo/reuniao-ministerial-de-bolsonaro-teve-ao-menos-43-palavroes-leia/

29 http://www.planalto.gov.br/ccivil_03/leis/l9394.htm

30 https://valor.globo.com/politica/noticia/2020/04/29/alexandre-de-moraes-do-stf-suspende-posse-de-ramagem-na-direcao-da-pf.ghtml

31 Por que bizarro? Porque não há diálogo possível a partir da desqualificação do interlocutor: seria como escrever um livro intitulado "Como conversar com um corrupto", entendendo-se como corruptos todos os eleitores da esquerda, da mesma forma que Marcia Tiburi considera fascistas todos os eleitores de direita — o que seria uma injustiça.

32 https://www.tse.jus.br/imprensa/noticias-tse/2020/Novembro/mdb-pp-psd-psdb-e-dem-sao-os-partidos-que-mais-elegeram-candidatos-no-1-turno-das-eleicoes-2020

33 http://www.planalto.gov.br/ccivil_03/_ato2019-2022/2020/lei/l13982.htm

34 Recomendo a leitura do livro "Quem controla a escola governa o mundo", de Gary Demar.

**ASSINE NOSSA NEWSLETTER E RECEBA
INFORMAÇÕES DE TODOS OS LANÇAMENTOS**

www.faroeditorial.com.br

CAMPANHA

Há um grande número de portadores do vírus
HIV e de hepatite que não se trata.
Gratuito e sigiloso, fazer o teste de HIV e hepatite
é mais rápido do que ler um livro.

FAÇA O TESTE. NÃO FIQUE NA DÚVIDA!

ESTA OBRA FOI IMPRESSA
EM JANEIRO DE 2021